"꿈꾸고(Dream) 꿈을 두드려라(Do)!"

_____트》를 읽고

원하는 것을 얻게 되리라.

성공을 부르는 마법의 힘을
_____님에게 드립니다.

_____ Dream

년   월   일

두드림
챔피언의 비밀노트

두드림 *Do Dream*

챔피언의 비밀노트

Be a New Champion!

MBN Y 포럼 사무국

매일경제신문사

Part 1. 인생을 바꾸는 세 가지 보석

성공의 비밀 열쇠 두드림의 기적 **10**

성공의 시작을 알리는 두드림 · 11

인생을 바꿀 첫 번째 보석 갈망의 두드림 · 13

인생을 바꿀 두 번째 보석 생각의 두드림 · 16

인생을 바꿀 세 번째 보석 실행의 두드림 · 19

두드림의 소중한 결과물, **챔피언** · 22

두드림의 두 가지 정신 · 23

Part 2. 챔피언의 성공 비밀 두드림

챔피언의 비밀노트 두드림 **30**

적자생존, 인류의 성공법칙을 말하다 · 30

사회의 대변혁, 적자생존을 요구하다 · 32

챔피언, 인류의 역사 발전을 이끌다 · 33

역사를 바꾼 뉴 챔피언, 적자생존을 실천했다 · 34

록펠러 지독한 가난을 벗고 석유왕이 되다 · 35

카네기 방적공에서 철강왕이 되다 · 37

헨리 포드 기계공에서 자동차왕이 되다 · 38

빌 게이츠 윈도우로 컴퓨터왕이 되다 · 40

홀츠 갈망의 두드림으로 풋볼 영웅이 되다 · 43

스티브 잡스 스마트폰 시대 혁신왕이 되다 · 45

베조스 세계 최고 인터넷 장사꾼이 되다 · 47

저커버그 페이스북으로 세상을 연결하다 · 50

마윈 세계 상거래 역사를 다시 쓰다 · 52

머스크 전기차 혁명을 일으키다 · 55

한국의 영웅들 모두 승자의 법칙을 따랐다 · 58

Part 3. 두드림의 기적들

세상과 인생을 바꾼 두드림의 기적들 **62**
신기한 마법의 힘을 가진 두드림 · 63
새로운 미래를 열어주는 두드림 · 67
역경과 싸워 쟁취해내는 두드림 · 69
인생을 환하게 밝혀준 두드림 · 72
좌절하지도 멈추지도 않는 두드림 · 75
신화를 만들어주는 두드림 · 76
새로운 역사를 쓰는 두드림 · 77

챔피언을 만든 두드림의 기적들 **81**
박상영 '할 수 있다'는 믿음이 기적을 만든다 · 82
박인비 자신을 믿는 만큼 이뤄진다 · 84
엘로드 아침 6분이 인생을 바꿨다 · 86
손정의 꿈을 찾아 중퇴하다 · 89
이순신 불가능을 가능으로 만들다 · 94

Part 4. 영웅들의 성공 비밀

영웅들을 만든 두드림 **100**

글로벌영웅 강경화 **103**
최초 신화를 만든 첫 여성 외교부장관 · 103
남들의 눈에 발탁되는 두드림 · 106

글로벌영웅 차범근 **109**
대한민국 축구의 전설 · 109
타고난 재능을 살려낸 두드림 · 112

Do Dream

경제영웅 **임지훈** **117**

대학생이 뽑은 최고 CEO · 117

남과 다른 길을 걸으려는 두드림 · 121

경제영웅 **방준혁** **125**

모바일 게임의 개척자 · 125

승부사적 기질로 완성한 두드림 · 130

문화예술영웅 **하정우** **134**

믿고 보는 천만 배우 · 134

피나는 노력으로 만들어낸 두드림 · 137

문화예술영웅 **워너원** **141**

K-POP 괴물신인 · 141

스토리의 주인공으로 만들어낸 두드림 · 146

문화예술영웅 **이유리** **150**

연기변신 국민 사이다녀 · 150

연기변신 노력이 만들어낸 두드림 · 153

문화예술영웅 **이하늬** **156**

여성들의 워너비 스타 · 156

연기력으로 편견을 깬 두드림 · 159

스포츠영웅 **이승엽** **162**

한국 프로야구의 전설 · 162

슬럼프를 이겨내는 두드림 · 165

스포츠영웅 **서장훈** **169**

뇌섹남 농구 레전드 · 169

즐기는 농구로 만들어낸 두드림 · 171

스포츠영웅 김자인 175

클라이밍 세계 챔피언 · 175

땀과 노력으로 만들어낸 두드림 · 178

스포츠영웅 장혜진 182

세계 1위 양궁 챔피언 · 182

"잘 될 거야"로 이뤄낸 긍정의 두드림 · 185

Part 5. 챔피언의 성공 비밀

뉴 챔피언, 변화를 기회로 만들다 192

최일구 틀을 깨는 변화의 주인공이 되다 · 193

글로리아 아이 변신으로 성공 기회를 찾다 · 195

사하르 잰드 상상한 대로 꿈을 이루다 · 198

정재승 글쓰기로 과학을 대중화하다 · 200

피터 스톤 인공지능으로 미래를 만들다 · 203

핀달 반 알만 AI 활용 로봇화가를 만들다 · 206

제임스 후퍼 세계 최초 기록을 세우다 · 208

닐 하비슨 첫 사이보그가 되다 · 211

비탈리와 바딤 복면 쓴 도시의 닌자가 되다 · 213

마이클 리 뮤지컬로 미국을 사로잡다 · 215

Part 6. 두드림 실천법

당장 세 가지 두드림을 시작하라 222

날마다 두드림하라 226

위시리스트를 만들어라 228

투두 리스트를 만들어라 232

금지 목록을 만들어라 235

감사 목록을 만들어라 238

Do Dream

챔피언의
비밀

두드림 *Do Dream*

노트

두드림

....

Part 1

인생을 바꾸는
세 가지 보석

성공의 비밀 열쇠
두드림의 기적

가슴 뛰는 단어 '성공'을 만들어낸 사람들에게는 어떤 DNA가 있을까?

성공할 사람은 타고난 것일까, 죽어라 노력하면 성공은 누구나 할 수 있는 것일까.

1등 명품방송 MBN 기자들이 지난 4년 동안 크고 작은 성공을 거둔 수많은 사람의 성공 사례를 분석해봤다.

수많은 글로벌 리더를 비롯해 주요 기업 CEO, 창업자, 정치 지도자, 석학들과의 인터뷰 내용과 서적을 통해 그들의 성공 비밀을 찾아낼 수 있었다. 그 성공의 비밀은 아주 사소하지만 위대한 것이었다. 누구나 생각하면 다 알 수 있는 것이었지만, 대부분의 사람들은 삶에 쫓겨, 아니면 생활에 지쳐 그것을 깨닫지 못한 채 꿈도 없이 살고 있었다.

그 비밀은 무엇일까. 바로 '두드림Do Dream'이라는 세 글자다. 누구나 '꿈꾸고Dream' '도전하면Do' 꿈을 이뤄낼 수 있다. 그런데 그 꿈을 이루려면 두드리고 또 두드려야 했다. 쉼 없는 두드림이 꿈에 다가가게 해줬고 '자기 혁명'의 혜안을 제공해줬다. 그리고 두드림은 꿈에 도전하는 사람에게 성공이라는 달콤함과 함께 챔피언의 영예를 안겨줬다.

성공의 시작을 알리는 두드림

두드림은 매우 중의적인 표현이다. 한 단어가 둘 이상의 여러 가지 의미로 해석된다.

성공 비밀 두드림은 바로 여기에서 시작한다. 두드림의 첫 번째 비밀은 '두드려라'라는 것이다.

북을 치려면 북을 두드려야 한다. 닫힌 문을 열려면 문을 두드려야 한다. 문자를 보내거나 검색하려면 키보드를 두드려야 한다. 결과를 얻어내려면 무엇이든지 '행동'이 있어야 한다는 단순한 진리를 말하는 것이다.

또 다른 두드림의 의미도 있다. 대학에 들어가려면 대학의 문을 두드려야 한다. 취업하려면 취업의 문을 두드려야 한다. 해외 시장에 진출하려면 글로벌 시장을 두드려야 한다. 꿈을 이루려면 자신의 꿈을 두드려야 한다.

세상의 모든 일은 두드림에서 시작된다. 예수도 "문을 두드려라. 그러면 열릴 것이다"라는 말로 용기를 주고 있다.

이 두드림에는 울림이 있다. 원하는 것, 구하는 것을 향해 간절하게 두드릴 때 그것을 얻게 된다.

세게 두드릴수록 더 큰 울림으로 다가오고, 더 많이, 더 자주 두드릴수록 문은 쉽게 열린다. 더 크게 두드릴수록 자신을 울려, 가슴을 더 벅차오르게 하고 그 울림은 주위로 울려 퍼진다.

이렇듯 성공한 사람들은 한결같이 '큰 꿈Big Dream'을 두드렸다. 원대한 꿈을 품고 그 꿈에 다가가기 위해 자기 자신을 수도 없이 두드렸다. 특히 현재의 1등에 도전장을 냄으로써 새로운 승자가 되는 뉴 챔피언을 꿈꿨다.

또한 꿈을 쉽게 포기하지도 않았다. 한번 두드려 열리지 않으면 두드리고 또 두드렸다. 수백 번, 수천 번 두드려도 열리지 않는 경우도 많았다. 그렇지만 좌절하지 않고 다시 두드렸다. '두드린다'는 것은 이처럼 꿈에 다가가기 위한 몸짓, 즉 '실행'을 말한다.

영어에도 두드림이 있다. "꿈을 꿔라"는 의미의 두드림Do Dream이
다. 이는 '꿈꾸고Dream' 도전을 실행에 옮기는 행동을 '하라Do'는 데 방
점이 맞춰져 있다. 다시 말해 '두Do'는 '꿈Dream'을 강조하는 의미인 동
시에 꿈만 꾸지 말고 꿈에 도전하라는 실행을 강조하고 있다.

인생을 바꿀 첫 번째 보석, 갈망의 두드림

성공의 출발은 어디에서 시작될까. 내 삶에서 간절히 원하는 것, 바
로 꿈을 갖는 일에서 시작된다. 꿈을 갖게 되면 할 일이 생겨난다. 만약
여행을 계획했다면 여행 비용과 방문지, 동반자, 일정 등에 대한 생각
을 시작한다. 또 내 차 구입이라는 목표를 세웠다면 돈을 벌고 모으는
방법을 고민하게 된다. 원하는 대학, 인생의 꿈을 꾼다면 그 꿈에 다가
갈 방법들을 자연스럽게 생각하게 된다.

이처럼 작은 약속에서 목표, 성취, 꿈에 이르기까지 무엇인가를 계획
하는 데서 자신만의 꿈의 발견이 시작된다.

꿈을 꾼 다음에는 그 꿈을 이뤘을 때의 기쁨을 미리 머릿속으로 즐겨
야 한다. 상상만으로도 즐거운 일이기 때문이다. 이는 나아가 삶을 설

레게 해준다. 꿈이 있는 사람의 설레는 삶과 꿈이 없는 사람의 무미건조한 삶에는 큰 차이가 있다.

인생을 바꾸고 싶은가? 인생을 행복하게 하고 싶은가? 그렇다면 인생을 바꿀 첫 번째 보석을 두드려보자.

인생을 바꿀 첫 번째 보석은 '갈망의 두드림'이다.

성공한 사람들은 꼭 이루고 싶어하는 간절한 꿈이 있었다. 왜 그 꿈을 이뤄야 하고 내가 그 꿈의 주인공이 돼야 하는지, 분명한 신념이 있었다. 남들이 이해하기 힘들 정도의 한 마디로 설명하기 어려운 간절함과 갈망이 있었다. 그리고 그 꿈을 이루기 위해 끊임없이 노력했고 결코 포기하지 않았다.

갈망의 크기도 원대했다. 1등, 금메달리스트, 스타, 챔피언 같은 최고의 자리를 갈망했다.

Do Dream

갈망의 두드림 따라 하기

- ✓ 자신이 원하는 인생의 갈망을 찾아내라.
- ✓ 갈망이 가져다줄 달콤함을 상상하라.
- ✓ 최고가 되는 챔피언의 자리를 갈망하라.
- ✓ 최악의 상황에서 '최고의 결과'를 갈망하라.
- ✓ 내 삶의 갈망이 인생을 바꾼다고 믿어라.
- ✓ 갈망을 얻기 위해 끊임없이 갈망을 두드려라.
- ✓ 갈망이 가져다줄 성취감을 미리 느껴라.
- ✓ 잊고 있었던 꿈과 갈망을 다시 꺼내라.
- ✓ 갈망의 꿈이 기적을 만든다고 믿어라.
- ✓ '꿈★은 이루어진다'고 확신하라.
- ✓ 내 갈망의 두드림이 다른 사람의 희망이 되게 하라.
- ✓ 갈망의 두드림으로 자기 혁명을 일으켜라.
- ✓ 갈망의 두드림이 인생 역전을 부른다고 믿어라.
- ✓ 좌절의 순간에 '나에게는 꿈이 있다'고 외쳐라.
- ✓ 갈망을 앞세워 꿈을 향해 질주하라.

인생을 바꿀 두 번째 보석, 생각의 두드림

성공한 사람들은 생각이 남달랐다. 꿈에 다가가는 자신만의 방법을 고민하고 또 고민했다. 꿈을 이뤘을 때의 기쁨을 생각해보기도 하고, 실패했을 때 좌절한 자신의 모습도 상상해봤다.

그런 과정에서 자신만의 '실행 법칙'을 찾아냈다. 성공한 사람들의 사연을 벤치마킹하고 성공에 이르는 길에 대한 생각을 멈추지 않았다.

<u>인생을 바꿀 두 번째 보석은 '생각의 두드림'이다.</u>

성공신화를 만들어낸 챔피언들은 꿈에 대한 갈망을 현실로 만들기 위해 끊임없이 상상의 나래를 펼쳤다. 머릿속으로 꿈을 성취하는 좀 더 구체적인 생각들을 하며 성취의 기쁨을 날마다 머릿속으로 즐겼다.

또한 챔피언들은 베스트셀러 《시크릿》에서 제시했던 성공 비밀 '끌어당김의 법칙Law of Attraction'을 철저히 활용했다. 끌어당김의 법칙이란 '우리 인생에 나타나는 모든 현상은 우리가 끌어당긴 결과'라는 것이다. 좋은 결과를 끌어당기면 좋은 결과가, 나쁜 결과를 끌어당기면 나쁜 결과가 찾아오기 마련이다. 챔피언들은 반드시 승리할 수 있다는 생각으로 자신을 단련시켰다.

따라서 현재의 상황을 바꾸고 싶다면, 끌어당김의 법칙을 작동시켜야 한다. 더 밝은 미래, 성공하는 미래, 챔피언이 되는 훗날의 모습을 간절히 상상하고 확신하면서 달라질 미래를 끌어당겨야 한다. 성공한 많은 사람은 '생각의 끌어당김'으로 꿈을 이룰 수 있는 구체적인 방법들을 수없이 끌어당겼다. 그때마다 이 끌어당김은 꿈과 성공에 다가가는 지혜를 섬광처럼 떠오르게 해 주었다.

Do Dream

생각의 두드림 따라 하기

✓ 챔피언이 되고자 하는 생각의 두드림에 빠져라.

✓ 갈망을 성취하는 방법을 끝없이 찾아라.

✓ 하루, 이틀에 안 되면 1주일, 1년을 고민하라.

✓ 고민하면 해법이 생긴다고 믿어라.

✓ 지혜가 생길 때까지 생각을 멈추지 마라.

✓ 생각 속에서 해법을 찾는 '끌어당김의 법칙'을 작동시켜라.

✓ 생각의 꼬리 물기를 즐겨라.

✓ 무한한 상상력의 세계에 빠져라.

✓ 날마다 생각의 두드림에 빠져라.

✓ '승리할 수 있다', '나는 할 수 있다'라는 생각을 두드려라.

✓ 생각의 두드림으로 일을 즐기는 방법을 찾아라.

✓ 불가능, 불가사의에 도전하는 생각을 꺼내라.

✓ 불행, 좌절, 실패, 가난, 장애의 늪을 탈출하는 생각을 해라.

✓ 꿈을 이룬 뒤 느낄 기쁨을 상상으로 즐겨라.

✓ 생각의 두드림이 미래를 밝힌다고 믿어라.

인생을 바꿀 세 번째 보석, 실행의 두드림

아무리 큰 꿈을 갖고 있더라도, 아무리 꿈을 이룰 생각이 원대하더라도 실행이 없으면 무용지물이다.

성공한 사람들은 남다른 실행력이 있었다. 끈기와 인내, 오기로 원하는 목표를 향해 달려가는 강한 집념이 있었고, 꿈을 이룰 수 있다는 강한 믿음으로 자기최면을 불어넣었다.

챔피언들은 강력한 실행력을 앞세워 세계 1등 기업을 만들었고 대통령이 되었으며 금메달리스트가 되었다.

인생을 바꿀 세 번째 보석은 '실행의 두드림'이다.

우리 속담에 '구슬이 서 말이라도 꿰어야 보배'라는 말이 있다. 아무리 뛰어난 재주와 재능이 있더라도 노력하지 않으면 아무것도 이룰 수 없다는 말이다. 따라서 실행의 두드림은 꿈을 실제로 이루게 하는 가장 강력한 수단이다.

성공한 사람들은 꿈꾸고 생각하는 데서 머물지 않았다. 생각한 내용을 앞세워 실행하는 데 주저하지 않았다. 원하는 꿈을 이루기 위해 문을 계속 두드리고, 넘어져도 다시 일어나 또 두드리는 뚝심을 발휘했다.

힘들고 험한 길도 마다하지 않았다. 꿈을 이룰 수 없는 최악의 상황이 돼도 그 속에서 다시 일어서서 꿈을 두드렸다. 오히려 장애와 좌절을 딛고 일어섰고 용기와 끈기, 집념, 열정으로 뚜벅뚜벅 성공을 향해 걸어갔다.

Do Dream

실행의 두드림 따라 하기

- ✓ 실행만이 꿈을 이뤄준다고 믿어라.
- ✓ 챔피언의 피나는 도전 정신을 배워라.
- ✓ 원하는 게 있으면 당장 실행하라.
- ✓ 갈망, 생각, 실행 중 '실행'에 가장 집중하라.
- ✓ 실행의 두드림이 인생을 바꾼다고 믿어라.
- ✓ 꿈이 열릴 때까지 실행의 두드림을 멈추지 마라.
- ✓ 두드리면 열린다는 성공의 진리를 믿어라.
- ✓ 과감한 '결단'으로 실행의 기쁨을 즐겨라.
- ✓ 실행이 없으면 어떤 결과도 없음을 알라.
- ✓ 실행의 두드림으로 성공의 문을 열라.
- ✓ 하루하루 실행의 두드림에 최선을 다하라.
- ✓ 차고 넘치는 실행으로 자신감을 만들라.
- ✓ 포기 없는 실행의 두드림으로 꿈을 완성시켜라.
- ✓ 당장 시작해서 '희망의 씨앗'을 뿌려라.

두드림의 소중한 결과물, 챔피언

보통 '챔피언Champion'은 운동경기에서 1등을 한 최고의 선수를 일컫는 말이다. 프로 권투나 레슬링 등의 경기에서는 우승자에게 챔피언 벨트를 주고 골프대회 우승자에게는 대형 챔피언 트로피를 준다. 사람들은 그들에게 박수와 환호를 보내는데, 특히 새로운 챔피언의 탄생에 더 크게 흥분하고 더 많은 박수를 보낸다.

특히 올림픽 금메달을 놓고 벌이는 챔피언 결정전, 월드컵축구대회 우승국 결정전은 숨 막힐 정도의 긴장감을 연출하고, 거기서 챔피언이 된 승자는 단숨에 세계적인 스타가 된다.

챔피언은 스포츠 대회에만 있는 게 아니다. 필라멘트 전구를 발명해 밤에도 일할 수 있도록 세상을 바꾼 발명왕 에디슨, 비행기를 발명한 라이트 형제, 윈도우를 개발해 컴퓨터를 대중화시킨 빌 게이츠, 스마트폰 혁명을 일으킨 스티브 잡스 등에 이르기까지 세상을 바꾼 영웅들 모두를 챔피언이라고 할 수 있다.

그들에게는 세상을 바꿀 정도의 원대한 '꿈Dream'이 있었고, 그 꿈을 실행에 '옮기는Do' 기적과도 같았던 '두드림Do Dream'이 있었다.

두드림의 두 가지 정신

꿈을 이룬 수많은 챔피언은 두 가지 '두드림 정신'을 실천했다.

첫 번째 두드림 정신은 나는 할 수 있다고 믿는 '캔두 정신Can-do Spirit'이다.

MBN 기자들의 취재 결과 챔피언들은 자신이 설정한 목표 자체가 원대했다. 거의 불가능에 가까울 정도로 큰 꿈을 가지고 있었다. 단순히 대한민국의 1등이 아니라, 전 세계 1등의 꿈에 도전했던 것이다.

"세계 1등 골퍼가 될 거야."

"올림픽 금메달을 딸 거야."

"노벨상을 받을 거야."

"대통령이 될 거야."

"삼성과 같은 회사를 창업할 거야."

이 같은 원대한 꿈, 즉 '갈망'은 생각의 두드림을 만들어냈다. 어떻게 꿈을 이룰 것인지, 고민하고 생각에 빠지고, 다른 사람들에게 성공의 길을 물었다. 어떤 사람은 책 속에서 길을 찾았다. 또 어떤 사람은 영화나 텔레비전 속 주인공의 성공신화를 벤치마킹했다.

신문을 보면서 신문 속 인물의 이야기를 읽고 자신의 길을 찾은 사람도 있다. 선생님과 교수님의 강의를 듣거나 유명한 사람의 강연을 듣고 인생의 길을 발견한 사람도 있다.

여기서 중요한 것은 이 같은 목표를 세운 다음, 그 목표를 꼭 이뤄내 챔피언이 될 것이라는 캔두 정신이 그 누구보다 강했다는 점이다. "할 수 있다"는 자신감으로 무장한 그들은 목표를 향해 돌진했다.

<u>두 번째 두드림 정신은 '도전 정신Challenge Spirit'이다.</u>

성공한 사람들은 불굴의 도전 정신을 갖고 있다. 두드림의 뜻대로 꿈을 두드리고 또 두드렸다. 10번 두드려서 이뤄지지 않으면 스무 번, 아니 수백 번을 두드릴 용기를 갖고 있었다.

필라멘트 전구를 발명한 토머스 에디슨은 작은 전구 하나로 세상을 밝게 밝힐 수 있다는 강한 확신을 잃지 않았다. 전구를 발명하는 과정에서 무려 2,399번의 실패를 겪었지만 캔두 정신은 그를 좌절시키지 못했다.

"나는 한 번도 실패한 적이 없다.

단지 2,000번의 단계를 거쳐

전구를 발명했을 뿐이다.

천재는 1% 영감과

99% 노력으로 이루어지는 것이다."

그리고 마지막으로 한 번 더 도전하여 전구를 발명할 수 있었다. 이렇게 에디슨은 도전을 멈추지 않았다.

챔피언은 남다른 도전 정신과 캔두 정신, 즉 두드림 정신으로 무장했다. 그리고 세상과 맞부딪쳤다. 나아가 '승리할 수 있다', '성취할 수 있다'는 캔두 정신으로 스스로에게 최면을 걸었다.

지금 우리에게는 현재의 '초라한 나'를 미래의 '성공한 나'로 바꿔줄 도전 정신이 절실하다. 무엇이든지 할 수 있다는 자신감을 뜻하는 캔두 정신이 요구되고 있는 것이다. 특히 제4차 산업혁명의 영향으로 세상이 급변하면서 자신감을 유지하는 것이 어려운 시대가 되었다. 이런 때일수록 '나는 할 수 있다'는 믿음을 갖는 것이 중요하다.

챔피언들은 이러한 믿음과 함께 환경의 변화를 오히려 기회로 활용하는 놀라운 저력이 있었다. 특히 시장과 환경 변화를 적극적으로 활용해 새로운 챔피언으로 도약하는 능력을 발휘했다.

청년들의 멘토링 축제 'MBN Y 포럼'은 성공의 꿈을 이룰 수 있게 도와주는 네 번째 자기계발서적 《두드림, 챔피언의 비밀노트》를 통해 세상을 바꾼 역사 속 챔피언들의 생동감 넘치는 성공 법칙을 소개하며 새로운 챔피언이 되는 꿈을 꿀 것을 제안한다.

Do Dream

두드림 따라 하기

- ✓ 내 꿈을 찾아내라.
- ✓ 내 꿈을 갈망하고 두드려라.
- ✓ 갈망의 두드림에 빠져라.
- ✓ 내 꿈을 이룰 생각의 두드림을 시작하라.
- ✓ 내 꿈에 다가갈 실행의 두드림을 시작하라.
- ✓ 꿈이 가져다줄 상상 현실을 즐겨라.
- ✓ '갈망 → 생각 → 실행'이라는 두드림의 끈을 놓지 마라.
- ✓ 날마다 두드림, 도전하고 멈추지 말라.
- ✓ 날마다 '드림 두(Dream Do)', 꿈꾸고 실천하라.
- ✓ 꿈꾸고 도전하라, 끝없이 두드려라.
- ✓ 날마다 두드려 두드림의 신기한 기적을 경험하라.
- ✓ '할 수 있다'는 '캔 두(Can do)' 정신으로 최면을 걸라.
- ✓ 도전 정신으로 무장하라.
- ✓ 챔피언의 성공 비밀을 따라하라.
- ✓ 두드림 정신으로 불가능을 즐겨라.
- ✓ 두드림의 기적을 가족, 친구, 동료에게 전파하라.

챔피언의
비밀
두드림 *Do Dream*
노트

두드림

....

Part 2

챔피언의 성공 비밀
두드림

챔피언의 비밀노트
두드림

적자생존, 인류의 성공법칙을 말하다

약 160년 전인 1859년 진화론의 주창자 찰스 다윈은 《종의 기원》이라는 책을 통해 사람의 기본적인 생존법칙을 '적자생존Survival of the Fittest'이라고 갈파했다.

그는 이 말을 통해 환경에 가장 잘 적응하는 사람만이 최후까지 살아남는다는 가장 본질적인 성공의 법칙을 제시했다.

지금 우리 눈앞에도 삶을 송두리째 바꿔놓을 제4차 산업혁명이라는 새로운 변화의 물결이 밀려오고 있다. 제4차 산업혁명시대 직업의 종말을 전망한 《제4의 실업》에 따르면 제1차 산업혁명은 농민, 제2차 산업혁명은 공장 근로자, 제3차 산업혁명은 화이트칼라를 위기로 몰아넣은 제1의 실업, 제2의 실업, 제3의 실업이라는 충격을 줬지만, 제4차 산업혁명은 산업과 업종에 관계없이 지구촌의 모든 사람이 영향을 받는 제4의 실업으로 내몬다고 예견한다.

제4차 산업혁명이 가져올 특징 중 하나는 어떤 변화가 우리 사회에 무슨 영향을 줄지 예측하기 어렵다는 점이다. 한국고용정보원은 '제4차 산업혁명의 영향(일자리 증감 여부, 수행업무 변화)에 대한 직업인 인식' 조사에서 응답자의 44.7%가 "인공지능과 첨단기술 때문에 자신이 종사하는 직업에서 일자리가 줄어들 것"이라 답했다고 밝혔다.

"최후까지 살아남는 사람은 가장 힘이 센 사람도, 영리한 사람도 아니다.
변화에 가장 잘 적응한 사람이다."

"It is not the strongest species that survive, nor the most intelligent,
but the ones most responsive to change."

사회의 대변혁, 적자생존을 요구하다

세상이 대변혁의 소용돌이 속으로 빨려들어가고 있다. 새로운 기술이 등장하면서 사회 자체가 지금까지와는 차원이 다른 세상을 맞이하게 될 전망이다.

특히 인터넷과 스마트폰이 바꿔놓았던 세상과는 차원이 다른 미래가 앞으로 펼쳐질 것이다. 인공지능, 사물인터넷IoT, 클라우드Cloud, 빅데이터Big Data 등이 우리의 미래를 송두리째 바꿔놓는 변화가 시작됐다.

과거 인류 역사는 수렵채취사회와 농업사회, 산업사회, 지식정보화사회를 거쳐 진화해왔고 앞으로의 세상은 제4차 산업혁명을 계기로 지금과는 다른 미래를 열게 될 것이다. 전문가들은 제4차 산업혁명이 가져올 미래를 인공지능이 사람을 대체하는 '지능사회'가 될 것으로 예견하고 있다.

세상을 바꾼 챔피언들은 이처럼 사회 질서가 바뀌는 '변곡점Inflection Point'에서 미래의 물결에 올라탐으로써 기존의 챔피언을 무너뜨리고 뉴 챔피언이 되는 놀라운 혜안을 발휘했다.

변곡점이란 수학에서 사용하는 용어로 곡선에서 오목하거나 볼록하게 모양이 바뀌는 점을 뜻하는 말이다. 보통 국가와 기업, 개인은 이 변곡점에서 기회와 위기를 동시에 맞게 된다. 트렌드와 시장흐름, 미래기술 등이 변해 새로운 패러다임을 탄생시키고 이 패러다임은 새로운 챔피언을 탄생시키는 기폭제 역할을 하게 되기 때문이다.

인류 문명은 농업혁명, 산업혁명, IT혁명이라는 큰 변곡점을 통해 발전해왔고 이 변곡점에서는 늘 새로운 승자와 패자가 등장했다.

챔피언, 인류의 역사 발전을 이끌다

지금 우리가 맞이한 제4차 산업혁명은 한 번도 경험해본 적이 없는 대변혁으로, 우리를 미지의 세계로 이끌고 있다. 그래서 그 변화의 폭과 깊이가 과거의 변곡점 때 맞이했던 것과는 차원이 다르다.

변화의 속도가 빨라 슈퍼스피드Super Speed, 즉 '가속의 시대'를 열고 있고, 변화의 폭도 파괴적 변화, 즉 '대변혁'의 속성을 갖고 있다.

이런 변혁기에 주로 새로운 영웅들이 탄생했다. 영웅으로 등장한 뉴 챔피언들은 인류 역사를 발전시키고 돈과 명예를 한꺼번에 거머쥐는 신화창조의 주인공이 됐다.

지금 나는 이 같은 변화를 어떻게 바라보고 있는가? 혹시 이 변화가 나와 아무런 관계가 없다고 생각하고 있지는 않은가?

인류의 역사는 사회에 나타나는 새로운 변화를 빠르게 받아들이고, 이 변화를 적극적으로 활용하는 사람들이 새로운 승자가 되는 뉴 챔피언의 역사였다. 세상을 바꾼 뉴 챔피언도 또 다른 변화가 엄습할 때마다 새로운 변화와 혁신을 앞세워 세상을 바꾸는 또 다른 환경 적응자에게 그 자리를 물려줬다.

역사를 바꾼 뉴 챔피언, 적자생존을 실천했다

1800년대 영국에서 제1차 산업혁명이 증기기관의 발명과 함께 일어났다. 당시 16세이던 미국의 코넬리어스 밴더빌트Cornelius Vanderbilt는 증기기관을 이용해 부자가 되고자 하는 갈망의 두드림을 시작했다.

사업을 해야겠다고 생각의 두드림에 빠진 밴더빌트는 일단 어머니에게 100달러를 빌려 작은 보트를 구입해 해운업을 시작했다. 여기서 모은 돈으로 그는 증기기관을 활용하는 비즈니스 모델을 만들었다. 이른바 증기기관의 힘으로 움직이는 증기선을 만들어 대박을 터뜨렸다. 당시 미국에서 골드러시Gold Rush가 시작되면서 미국 뉴욕에서 캘리포니

아로 가는 증기선 운영사업이 대호황을 이룬 것이다. 부자의 꿈을 향해 밴더빌트가 실행의 두드림에 매달린 끝에 이뤄낸 놀라운 성과였다.

이어 철도가 새로운 교통수단으로 등장하자, 밴더빌트는 철도사업을 시작했다. 그는 증기기관이 가져올 미래 교통수단의 변화를 예견했고 변화하는 환경에 발빠르게 적응함으로써 미국의 교통역사를 바꿔 놓았다. 이 같이 밴더빌트가 세상의 변화를 보는 안목은 그를 철도왕이라는 챔피언으로 만들어줬다.

포브스Forbes가 현재의 달러 가치로 환산해 발표하는 인류 역사상 최고 부자 재산 순위에서도 밴더빌트는 매년 상위 10위에 오를 정도로 많은 돈을 벌었다.

록펠러, 지독한 가난을 벗고 석유왕이 되다

존 록펠러John D. Rockefeller는 어린 시절 지독하게 가난해 밥을 제대로 먹는 게 꿈이었다. 이 때문에 부자가 되겠다는 갈망의 두드림이 누구보다 강했다.

록펠러는 언젠가 사업을 하겠다는 생각으로 어린 시절부터 부자의 꿈을 꾸고 창업을 위해 돈을 모았다. 그렇게 모은 돈으로 20세의 청년 록펠러는 친구와 함께 가게를 시작했고, 여기서 모은 돈으로 24세에 정유회사를 창업했다. 제2차 산업혁명으로 기계화 혁명이 일어나면서 미국에서 석유가 생산되기 시작했는데, 석유가 경제활동을 촉진시키는 에너지원으로 사용되면 큰돈을 벌 수 있는 기회가 생길 것이라 생각했기 때문이다. 그의 생각대로 회사는 번창했고 록펠러가 32세에 재창업한 엑슨 모빌Exxon Mobil은 148년의 역사를 자랑하는 나스닥 1등 기업으로 성장했다. 현재 달러 가치로 환산한 인류 역사상 최고 부자들의 목록에서 록펠러는 여전히 1등을 기록하고 있다.

부자를 향한 록펠러의 두드림과 세상의 변화를 읽는 안목, 즉 적자생존의 성공법칙이 그를 역대 최고의 석유왕이라는 챔피언으로 만들어줬다.

"성공하고 싶다면 이미 성공 가도라고 알려진 닳은 길이 아닌
새로운 길을 개척하라. 난 항상 재앙을 기회로 바꾸기 위해 노력했다."

"If you want to succeed, you should strike out on new paths, rather than travel the worn paths of accepted success. I always tried to turn every disaster into an opportunity."

카네기, 방적공에서 철강왕이 되다

앤드류 카네기Andrew Carnegie는 12세 때 아버지를 따라 미국으로 건너왔다. 그러나 아버지의 사업은 망했고, 그때부터 그는 자연스럽게 가난에서 벗어나 부자가 되고자 하는 갈망의 두드림을 시작했다. 사업 밑천을 만들기 위해 방적공, 기관사 조수, 전보 배달원, 전신 기사 등 돈이 되는 일은 닥치는 대로 했다.

이후 어떤 사업을 시작하는 게 좋을지 생각의 두드림에 빠진 카네기의 눈에 철이 들어왔다. 미국에서는 공장과 도로, 주택 건설을 위한 철의 시대가 열리기 시작했기 때문이다. 그는 세상의 변화를 읽고 적자생존의 성공법칙에 따라 부자를 향한 실행의 두드림에 나섰다.

그리고 카네기는 37세에 톰슨제철공장J. Edgar Thomson Steel Works을 설립했다. 원료와 상품 수송을 위해 독자적인 철도망까지 구축했다. 고품질의 철을 만들기 위해 영국의 제강소를 방문해 수명이 긴 강철의 잠재력을 발견했고, 이를 앞세워 부자의 꿈을 이뤄냈다.

세상을 멀리 내다보는 카네기의 안목은 그를 철강왕이라는 뉴 챔피언으로 만들어줬다.

"너는 네가 생각하는 사람이다. 그러니 크게 생각하고, 크게 믿고,

크게 행동하고, 크게 일하고, 크게 주고, 크게 용서하고, 크게 웃고,

크게 사랑하고, 크게 살라."

"You are what you think. So just think big, believe big, act big, work big,

give big, forgive big, laugh big, love big and live big."

헨리 포드, 기계공에서 자동차왕이 되다

미국 포드자동차의 창업자 헨리 포드Henry Ford는 젊은 나이에 철도에 이어 자동차가 미래의 교통수단이 될 것이라는 대예견을 했다.

그는 어린 시절부터 발명왕 에디슨과 같은 과학자가 되겠다는 갈망의 두드림을 두드렸다. 집에 있는 모든 자명종 시계를 모조리 분해하고 조립하며 남다른 재능을 뽐냈다. 그러던 어느 날 어머니가 위독하여 의사를 데려오기 위해 말을 타고 이웃마을로 달려갔다. 그러나 시간을 맞추지 못해 결국 어머니는 돌아가시고 말았다.

이때 소년 헨리 포드는 다짐했다.

"말보다 빠른 것을 꼭 만들 것이다."

그는 말보다 더 빨리 달리는 '말 없는 마차'를 개발하고자 하는 생각의 두드림에 빠졌다. 학업을 중단한 그는 15세 때 기계공으로 취업했다. 그리고 에디슨을 동경해 36세까지 에디슨 회사에서 근무하며 실력을 키웠다.

40세가 되자 그는 갈망의 두드림을 실행에 옮겼다. 1903년 자동차회사 '포드'를 창업한 것이다. 1908년에는 세계 최초로 양산 자동차 T형 포드 제작을 시작했다. 또한 '대중을 위한 자동차'를 모토로 컨베이어벨트라는 혁신적인 아이디어를 도입해 분업화, 표준화, 전문화로 자동차 생산성을 높이면서 자동차왕이라는 뉴 챔피언이 됐다.

핸리 포드는 "실행 없는 비전은 환영에 불과하다"고 강조한다.

"모든 것이 당신을 가로막고 있다는 생각이 든다면 기억하라.
비행기는 바람을 타고 나는 것이 아니다. 바람을 거스르며 날아간다."

"When everything seems to be going against you, remember that the airplane takes off against the wind, not with it."

빌 게이츠, 윈도우로 컴퓨터왕이 되다

"변화가 곧 기회다."

"Change is a Chance"

빌 게이츠Bill Gates는 13세 때 처음으로 컴퓨터를 보고 깜짝 놀랐다. 복잡하고 어려운 계산문제를 단 몇 초 만에 풀어내는 것을 보고 컴퓨터의 매력에 푹 빠진 것이다.

이후 "컴퓨터분야 최고 박사가 돼야지"라는 갈망의 두드림으로 프로그래밍에 빠져들었다. 그렇게 그가 컴퓨터 프로그램을 만들기만 하면 돈이 됐다. 고등학생이었지만, 학교의 반 편성 프로그램, 회사의 급여 관리 프로그램, 교통량 데이터 분석 프로그램 등을 만들어 세상을 놀라게 했다.

미국 하버드 대학교에 입학한 게이츠는 19세이던 1975년, 창업을 위해 대학 중퇴라는 대결단을 내렸다. 그는 이 결정을 자신의 운명을 바꾼 "인생의 결정적인 변신이었다"고 말한다.

2학년이 된 어느 날 빌 게이츠는 단짝친구 콜레트에게 과감한 제안을 한다.

"우리 자퇴해서 재무회계 프로그램을 개발해 보자."

당시 콜레트의 꿈은 공부였지 사업이 아니었고, 하버드 졸업을 포기할 수 없었기에 완곡하게 제안을 거절했다.

10년 후 콜레트가 박사과정을 밟을 때, 자퇴한 빌게이츠는 미국 〈포춘지〉가 선정한 억만장자의 대열에 올랐다. 졸업 후 콜레트가 32비트 재무 소프트웨어를 개발하려 할 때, 빌 게이츠는 이미 1,500배 빠른 소프트웨어를 개발해 세계시장을 석권했다.

빌게이츠와 콜레트. 절친이었던 두 사람의 가장 큰 차이점은 망설임이었다.

자퇴로 생길지 모를 인생 변화에 대한 두려움은 망설임을 가져왔고 망설임의 시간은 기회를 빼앗아 갔다. 변화를 뜻하는 영어 '체인지Change'에서 'g'를 'c'로 바꾸면 기회, 즉 '찬스Chance'가 된다. 이처럼 자신에게 다가오는 환경 변화를 두려워하지 말고 적극적으로 맞서서 성공의 기회로 활용하는 챔피언들의 적자생존 성공법칙을 작동시켜야 한다.

지금 기회가 왔고 결정할 타이밍이라면 실행의 두드림에 나서는 데 주저하지 말아야 한다. 망설이면 기회를 놓치게 된다. 변화 속에 반드시 기회가 숨어있는 법이다.

사업가로 변신한 빌 게이츠는 1980년대 컴퓨터가 생활 속으로 파고들자 더 큰 도약의 기회를 고민했다. 당시 컴퓨터의 대중화를 가로막고 있는 것은 도스DOS라고 하는 어려운 컴퓨터 명령어를 알아야 컴퓨터를 자유롭게 쓸 수 있다는 점이었다.

그는 마우스 클릭만으로 누구나 컴퓨터를 손쉽게 쓸 수 있도록 하기 위한 생각의 두드림에 빠진 끝에 윈도우를 개발해낼 수 있었다. 1985년 첫 윈도우를 만들며 마이크로소프트는 순식간에 스타기업으로 도약했다.

윈도우를 개발해 컴퓨터 사용의 문화를 바꾼 혁신가 빌 게이츠는 세상의 변화에 적응하는 순발력을 통해 스스로를 24년간 세계 1등 부자라는 뉴 챔피언으로 만들었다. 그는 변하고자는 하는 마음을 생각으로 옮기고, 그 생각을 행동으로 옮기기 위해 노력했다는 말로 적자생존의 성공법칙을 말하고 있다.

"우리는 항상 2년 내의 변화는 과대평가하지만, 10년 내의 변화는
과소평가하는 경향이 있다. 안심한 채로 가만히 있지 마라."

"We always overestimate the change that will occur in the next two years and underestimate the change that will occur in the next ten. Don't let yourself be lulled into inaction."

홀츠, 갈망의 두드림으로 풋볼 영웅이 되다

루이 홀츠Louis Leo Holtz는 미국 풋볼 코치계의 전설이라 불리는 사람이다. 홀츠가 팀을 맡으면 아무리 꼴찌였어도 1등이 됐다. 그리고 아무도 달성할 수 없는 전설적인 기록을 9년 동안 냈다.

그는 어떻게 놀라운 코치가 될 수 있었을까?

"저는 금수저를 물고 태어났습니다. 저도 알아요."

80세를 넘겨 인생을 회상하면서 홀츠는 자신을 금수저 출신이라고 말한다. 하지만 실제로 그는 금수저가 아니라 가난한 집안에서 자랐다. 지하인 집에는 침대가 하나밖에 없어 부모와 동생이 한 침대에서 생활했다.

이런 역경 속에서 생활하며 홀츠는 "삶을 변화시키겠다"는 강한 믿음을 갖고 있었다. 가난을 탓하지 않고 이것을 이겨내야겠다는 변화를 향한 갈망의 두드림으로 자신을 변화시킨 것이다.

"나는 고난과 역경 속에서도 내 선택이 내 삶을 만들어간다는

믿음을 갖고 자랐습니다. 가난한 부모님을 만났기 때문에 금수저로

태어났다고 생각했습니다. 이 고난 때문에 더 강해질 수 있었습니다.

그러니까 이게 금수저지요."

홀츠는 "인생에는 한 가지 규칙이 있다"는 점을 강조하는데, 이는 바로 성장해야 한다는 것이다. 그렇지 않으면 희망 없이 사라져가기 때문이다. 나무도, 풀도, 결혼생활도, 비즈니스도, 인생도 모두 성장해야 발전한다는 철학을 전하고 있다.

그는 "따라서 사람은 누구나 나이에 구애받지 말고 더 나아지려는 노력을 하는 게 중요하다"고 강조한다. 반드시 챔피언이라는 최고가 되지 않더라도 삶을 발전시키고 더 좋은 방향으로 변화시키기 위해 노력해야 한다는 말이다. 홀츠는 인생에서 딱 필요한 네 가지를 강조한다.

"인생은 복잡할 필요가 없습니다.

인생에서 필요한 것은 딱 네 가지뿐이며,

이게 없으면 엄청난 공허감에 시달리게 됩니다.

그 네 가지는 '해야 할 일', '사랑할 사람',

'믿을 사람', '희망을 품을 수 있는 무언가'입니다."

홀츠는 "옳다고 생각하면 그냥 하라, 삶을 즐기라"고 강조한다. 인생에는 누구에게나 반드시 고난이 찾아오며 이 고난을 이길 수 있는 힘이 있다는 사실을 믿으라고 조언한다.

스티브 잡스, 스마트폰 시대 혁신왕이 되다

스티브 잡스Steve Jobs는 태어나자마자 입양되어 양부모 밑에서 자라는 운명을 떠안게 됐다. 학교에서는 항상 문제아였고 독선적인 성격으로 외톨이로 자랐다.

대학에 입학했지만, 가정 형편이 어려운 양부모님을 생각해 1년 만에 중퇴했다. 그런 그가 유일하게 좋아하는 분야가 있었는데, 바로 정보기술IT이었다.

집 근처 IT 회사에서 일하는 사람들을 통해 IT의 미래에 눈을 뜨게된 스티브 잡스는 IT가 세상을 바꿔놓게 될 것이라 믿었다.

대학을 중퇴한 잡스는 전자게임 회사 아타리Atari에 취업을 해서 실무를 익혔다. 이어 21세의 나이에 1976년 스티브 워즈니악Steve Wozniak과 애플Apple을 공동 창업했다. 그리고 세계 최초로 개인용 컴퓨터를 개발해 대박을 터트리며 단숨에 재벌이 되어 자신의 운명을 바꿨다. 또한 애플 컴퓨터 시리즈를 내놓으며 누구나 컴퓨터를 사용할 수 있게 세상을 변화시켰다. 그는 세상을 바꾸는 컴퓨터 왕이라는 뉴 챔피언이 된 것이다.

잡스의 도전은 여기에서 멈추지 않았다. 애니메이션 제작사 픽사Pixar를 인수한 그는 〈토이 스토리〉를 시작으로 〈니모를 찾아서〉, 〈몬스터 주식회사〉 등을 성공시키며 애니메이션의 역사를 새로 쓰는 혁신가로 거듭났다.

이어 그는 전 세계인들의 '음악 청취' 문화를 바꿔놓았다. 아이팟iPod을 개발해 아이튠즈iTunes에서 온갖 음악을 다운받아 들을 수 있도록 하여 음반 판매, 구매 시장의 흐름 자체를 바꿔놓았다. 카세트테이프나 CD가 있어야 들을 수 있었던 음악을 인터넷에서 간단히 다운받아 들을 수 있도록 세상을 바꾼 것이다.

이어 2007년 탄생시킨 세계적인 히트상품 아이폰iPhone은 핸드폰의 역사 자체를 바꿔놓았다. 스마트폰 혁명을 일으키며 전 세계인의 핸드폰 이용에 대한 패러다임을 바꿔놓았다.

그는 세상에 다가온 IT기술들을 적극적으로 활용하고 적용해 자신의 것으로 만들었다. 그리고 적자생존의 성공법칙으로 뉴 챔피언이 되었으며 스스로를 영웅으로 만들었다.

"자신이 세상을 바꿀 수 있다고 믿을 정도로 미친 사람들만이
정말로 세상을 바꾼다. 시간은 유한하다. 다른 이의 삶을 사느라
인생을 허비하지 마라."

"The people who are crazy enough to think they can change the
world are the ones who do. Your time is limited, so don't waste it living
someone else's life."

베조스, 세계 최고 인터넷 장사꾼이 되다

제프 베조스Jeff Bezos는 세계에서 가장 큰 인터넷 쇼핑몰 아마존 Amazon을 만든 인물이다. 베조스는 컴퓨터가 세상을 바꾸리라 예상했고, 그것을 겨냥해 대학에 들어갈 때부터 컴퓨터과학, 전기공학을 전공

했다. 세상의 변화에 대비해 미래를 미리 준비한 것이다.

대학 졸업 후 평범한 월급쟁이로 회사에 취업한 그에게 어느 날 잡지 기사가 눈에 들어왔다. 그의 나이 30세인 1994년의 일이었다. 인터넷 규모가 1년 새 2,300배 성장했다는 평범한 기사지만, 베조스의 생각은 남달랐다.

"인터넷에 어떤 제품을 팔면 성공할 수 있을까."

베조스는 인터넷에서 판매하면 잘 팔릴 수 있는 최적의 제품들을 찾아내려 생각의 두드림에 빠졌다. 그가 찾아낸 품목은 책과 사무용품, 의류, 음반 같은 아이템이었다. 어디에서 구매하든 품질이 동일하고 배송도 쉽다는 것을 장점으로 생각했다. 특히 출간된 책의 종류는 셀 수조차 없을 정도로 많은데, 이를 모두 갖춘 서점은 아무 데도 없다는 데 착안했다.

이를 시작으로 아마존은 책뿐만 아니라 음반, 영상, 전자제품, 장난감 등 온갖 제품을 판매하는 온라인 만물상으로 성장하며 베조스의 예상대로 세계에서 가장 큰 인터넷 장터로 성장했다. 그는 아마존으로 인터넷에서 가장 돈을 많이 버는 인터넷 최고 장사꾼, 즉 인터넷 챔피언이 된 것이다. 그리고 인터넷이 가져다 줄 세상의 변화를 미리 읽어내 자신의 갈망의 두드림대로 꿈을 이뤄냈다.

이어 제4차 산업혁명이 일어나자, 베조스는 클라우드Cloud 시장 개척에 나섰다. 데이터를 저장할 수 있는 서버를 빌려주는 이른바 아마존 웹 서비스AWS를 시작한 것이다. 클릭 몇 번에 서버의 용량을 늘리고, 줄일 수 있게 함으로써 기업들의 서버 관리비용을 줄일 수 있는 혁신을 이끌어냈다.

이는 사람들의 데이터 사용이 늘어남에 따라 저장 공간의 수요 또한 늘어날 것이라는 변화를 예상하는 적자생존의 생각의 법칙으로 찾아 낸 결과물이었다.

"당신의 세상이 변할 때, 그리고 그것이 당신이 가는 방향과 반대로 변할 때, 바람이 순방향이 아닌 역방향에서 불 때, 그것과 마주해서 해야 할 일을 찾아라. 불평은 전략이 아니다."

"When the world changes around you and when it changes against you – what used to be a tail wind is now a head wind – you have to lean into that and figure out what to do because complaining isn't a strategy."

저커버그, 페이스북으로 세상을 연결하다

마크 저커버그Mark E. Zuckerberg는 페이스북Facebook을 창업해 지구촌 15억 명을 연결하는 기적을 만든 SNS 챔피언이다. 2013년에는 10억 달러에 인스타그램Instagram을 인수해 사진공유 혁명을 일으킨 주인공이 됐다.

저커버그는 어린 시절부터 각종 소프트웨어를 직접 개발할 정도로 IT분야에 관심이 많았다. 고교시절에는 사용자의 음악 감상 습관을 분석하는 시냅스 미디어 플레이어를 만들어 마이크로소프트의 인수 제안을 받았을 정도였다.

미국 하버드 대학교에 입학한 19세의 저커버그는 2003년 엉뚱한 생각의 두드림에 빠졌다. 학교 기숙사에서 학생들의 사진을 올리고 외모를 평가하는 페이스매시Facemash라는 SNS 사이트를 만든 것이다.

사이트 주소를 몇 명 친구에게 메일로 보내고 저커버그는 강의실로 갔다. 그리고 몇 시간 후 깜짝 놀랐다. 사이트가 접속 폭주로 먹통이 되어버린 것이다. 그는 "먹통이 된 이유가 무엇일까"라는 생각 속에 더 깊은 생각의 두드림에 빠졌다.

"관심을 폭발시킨 이유가 무엇일까?"

고민을 거듭한 저커버그는 사람들이 '관계 맺기'를 원하고 있다는 평범한 사실을 발견하게 됐다. 2004년 이 사이트를 페이스북으로 이름을 바꿔 하버드를 넘어 미국 동부의 명문 사립대인 프린스턴, 예일, 브라운, 컬럼비아, 펜실베이니아, 코넬, MIT, 뉴욕 대학교 등으로 그 영역을 확대했다.

나아가 서부의 명문 대학인 스탠퍼드, 버클리 대학에 이어 고등학교까지 연결망을 확대했다. 이를 철저히 실명과 나이, 얼굴 공개를 원칙으로 하는 실체의 창으로 발전시켰다. 가입자는 폭발적으로 늘었고 페이스북을 시작한 지 단 4년 만에 회원 수가 1억 명을 넘어섰다. 이를 계기로 저커버그는 〈타임〉이 선정한 세계에서 가장 영향력 있는 인물에 선정됐다.

2011년 회원 수는 8억 명을 넘겼고, 2012년 5월 뉴욕증권거래소에 상장했다. 당시 기업 가치는 160억 달러(약 17조 원)로 미국 역사상 GM에 이어 3위를 기록했다. 저커버그는 28세에 세계에서 가장 젊은 CEO이자 470억 달러의 재산을 가진 자수성가한 부자 1위 챔피언이 됐다.

페이스북의 성공신화는 어떻게 가능했을까? 저커버그의 두드림 정신에서 찾을 수 있다. 페이스북의 사옥에는 '완벽을 추구하는 것보다 실행해보는 것이 낫다Done is better than perfect'라는 슬로건이 걸려있다. 그만큼 저커버그는 도전 정신과 실행의 두드림을 강조하고 있다.

"빠르게 변화하고 있는 세상에서 실패하는 유일한 방법은 위험을 감수하지 않는 것이다. 어떤 이들은 성공하는 꿈을 꾸지만 다른 이들은 일어나서 성공하기 위해 힘쓴다."

"In a world that's changing really quickly, the only strategy that is guaranteed to fail is not taking risks. Some people dream of success while others wake up and work hard at it.

마윈, 세계 상거래 역사를 다시 쓰다

중국 최대 전자상거래 업체 알리바바Alibaba는 2017년 11월 중국 최대 쇼핑행사 '광군제'에서 단 하루만에 28조 원(총 1천 682억 위안)을 벌어들였다. 세계 225개 국가에서 결제가 이뤄졌으며, 주문량은 14억 8

천만 건, 배송 물량은 8억 1천 200만 건에 달했다.

어떻게 이렇게 놀라운 일이 가능했을까? 중국 청년 마윈馬雲의 갈망의 두드림이 탄생시킨 결과물이었다. 아마존이 미국에서 돌풍을 일으키자 1999년 35세의 마윈은 중국인 전용의 인터넷 전자상거래업체 알리바바를 창업했다. 그리고 19년 만에 시가총액 300조 원의 기업을 만들어 전자상거래 시장의 새로운 세계 1등 챔피언이 됐다.

마윈은 고등학교를 재수, 대학교를 삼수할 정도로 공부에는 취미가 없었다. 그렇지만 그에게는 원대한 갈망의 두드림이 있었다. "세상을 바꾸겠다"는 원대한 꿈을 꾸었고 "나는 할 수 있다"는 캔두 정신이 누구보다 강했다.

마윈은 좋은 고등학교에 입학할 실력이 되지 않아 한 단계 낮은 고등학교에 지원했지만, 그마저도 낙방했다. 재수 후 가까스로 고등학교에 입학했다.

하지만 이후 대학시험에도 낙방하게 되었다. 그는 실력이 안 될 것 같아 입학을 포기하고 삼륜차를 몰고 책 배달을 시작했다. 그러던 어느 날 류야오의 소설 《인생》을 읽었다. 마윈은 《인생》의 주인공 오쟈린이 끊임없이 꿈을 좇는 모습을 보고, 다시 꿈을 찾아 대학 입시에 재도전했다. 그러나 또 낙방했다. 가족들마저 포기하고 일하라고 권했지만,

그는 세 번째 도전 끝에 학교를 낮춰 항저우 사범전문대학(영어교육과)에 입학했다. 졸업 후에는 영어교사가 됐다.

지금껏 마윈은 실패를 해도 좌절하지 않고 다시 일어섰다. 이러한 실패 후 작은 성공들을 통해 무엇이든지 실패 다음에는 더 좋은 일이 찾아온다는 확신을 갖게 됐다.

이후 28세 청년 마윈은 통역회사를 차렸다. 그러던 어느 날 미국을 방문한 그는 인터넷세상이 열리면서 아마존이 각광받는 것을 보고는 1999년 통역회사를 접고 알리바바를 창업했다. 세상에 어떤 변화가 일어나고 있는지를 직감하고 적자생존의 성공법칙을 작동시킨 것이다. 마윈은 알리바바 창업과 함께 원대한 꿈을 갈망했다.

"첫째, 우리는 102년간 생존할 회사를 세울 것이다.

둘째, 우리는 중국의 중소기업을 위한 전자상거래 회사를 세울 것이다.

셋째, 우리는 세계 최대 전자상거래 회사를 세우고 전 세계 사이트

10위 안에 진입할 것이다."

챔피언을 향한 원대한 두드림은 16년 만에 알리바바를 세계 1등 전자상거래 기업으로 만들어줬다. 그리고 마윈은 세계 최고의 부자, 즉

뉴 챔피언이 됐다.

"나는 운이 참 좋은 사람입니다. 돈을 벌기 위해서가 아니라
세상을 바꾸고 사람들을 행복하게 하려는 목표를 추구한 것이 지난
10년간 좋은 성과를 냈습니다."

머스크, 전기차 혁명을 일으키다

엘론 머스크Elon Musk는 남아공에서 태어나 고등학교까지 졸업한 후
캐나다를 거쳐 미국에 정착한 인물로 전기자동차 회사인 테슬라Tesla
의 창업자다.

어린 시절 하루 10시간씩 책을 읽는 지독한 책벌레였고 취미로 모형
로켓을 만들어 발사하곤 했다. 컴퓨터에도 관심이 많아 12세에 컴퓨터
게임을 직접 만들어 팔 정도였다.

하지만 가정환경은 불우했다. 9세에 부모님이 이혼했고 아버지와도
사이가 좋지 않았다. 친구들에게 따돌림을 당하기 일쑤였다. 그러나 그
는 자신의 인생을 변화시키고자 했다. 그리고 "세상을 바꾸는 일을 하

고 싶다"는 원대한 갈망의 두드림을 꿈꿨다.

청년 머스크는 그 꿈을 향해 대학원 박사과정에 입학한지 이틀 만에 자퇴를 결심하고 24세의 나이에 창업에 도전했다. 인터넷을 기반으로 지역 정보를 제공하는 집투ZIP2라는 회사를 설립해 창업 4년만인 1999년에 2,200만 달러를 받고 컴퓨터 제조회사인 컴팩에 팔았다.

이 돈으로 머스크는 온라인 금융회사 엑스닷컴X.COM을 설립해 금융 결제서비스 회사 페이팔PayPal로 발전시켰다. 그리고 페이팔은 이베이 eBay에 15억 달러에 팔렸고, 머스크는 돈 방석에 오른 챔피언이 됐다.

이어 그는 세상을 바꾸는 진짜 도전을 시작했다. 2002년 6월 세 번째 회사 스페이스엑스SpaceX, 즉 민간 우주 벤처회사를 설립해 여전히 우주정복의 꿈을 두드리고 있다.

동시에 그는 2003년에는 전기차로 세상을 바꾸겠다는 갈망의 두드림을 시작했다. 이를 위해 전기자동차 회사 테슬라를 창업했다. 석유차가 초래하는 환경오염과 매연과 같은 공해문제를 해결하는 선구자, 지구온난화 문제의 해결사, 세상을 바꾸는 사람이 되겠다는 변화에 앞장선 것이다.

테슬라는 순식간에 자동차 시장과 전기차의 역사를 바꿔놓았다. 전 세계에 전기차 열풍을 몰고 왔고, 이에 따라 주요 선진 자동차 회사들이 석유와 디젤로 움직이는 내연기관차 생산 중단을 선언했다. 머스크는 자신의 두드림대로 세상을 바꿔 자동차의 새 역사를 쓴 것이다.

이어 그는 친환경 에너지 생산의 두드림을 실현하기 위해 2016년 태양광패널 제조회사 솔라시티SolaCity를 20억 달러에 인수했다. 이 회사를 통해 배터리 쾌속 충전의 꿈을 실현할 방침이다.

그는 세상을 놀라게 할 도전을 하나 더 시작했다. 미국 뉴욕과 워싱턴 DC를 29분 만에 갈 수 있도록 구현하는 교통시스템인 하이퍼루프 Hyperloop 개발을 미 당국으로부터 구두 허가 받아 실행의 두드림에 착수한 것이다.

진공관을 시속 1,200㎞로 달리는 차세대 초고속 열차 하이퍼루프는 자동차로 5시간을 가야 하는 거리를 29분 만에 주파할 수 있도록 해준다. 이 기술이 서울과 부산에 접목되면 15분 만에 이동할 수 있는 시대가 열리게 된다.

이처럼 머스크의 놀라운 도전은 세상을 바꾸는 혁명적인 변화를 가져다줄 전망이다. 세상은 머스크를 '미래를 설계하는 사람', '세상을 변화시키는 사람'이라고 말한다.

"대학생 때 세상을 바꾸는 것을 하고 싶었다. 지금 나는 그것을 하고 있다."

"When I was in college, I wanted to be involved in things that would change the world. Now I am."

"어떤 이들은 변화를 좋아하지 않는다. 하지만 변화의 대안이 재앙이라면 변화는 받아들여야 한다."

"Some people don't like change but you need to embrace change if the alternative is disaster."

한국의 영웅들 모두 승자의 법칙을 따랐다

축구영웅 차범근은 대한민국 선수로는 처음으로 축구의 본고장인 유럽에 진출해 '황색 돌풍'을 일으킨 주인공이다.

그는 한국 축구선수 최초로 유럽 리그에 진출해 한국 축구를 선진화하고 글로벌화 한 주역으로 평가받고 있다. 독일 분데스리가에서 오랜 시간 활약하며 '차붐'이라는 별명을 얻으며 한국을 전 세계에 알린 축구계의 전설로 통한다.

차붐이 일으킨 한국 축구 변화의 열풍은 박지성, 이영표, 기성용, 손흥민 등 후배 축구선수들이 세계무대로 진출하는 발판을 마련했고 한국 축구사의 변화를 이끌어 냈다.

골프영웅 박세리는 한국인 최초로 세계 골프대회 도전장을 냈고, 19세에 세계 1등 챔피언이 되며 한국의 골프 역사를 새로 썼다. 이후 박인비, 신지애, 박성현 등 '박세리 키즈'를 탄생시키며 골프에 대한 국민의 시각 자체를 바꿔놓았다.

피겨여왕 김연아는 러시아, 미국 등 선진국의 독무대였던 피겨 스케이트에 도전해 한국인 최초로 피겨여왕 자리에 올랐고, 한국인도 할 수 있다는 자신감을 후배 선수들에게 심어줬다.

유튜브와 트위터 등 SNS 시대가 열리자 가수 싸이는 자신의 노래 '강남 스타일'을 유튜브에 홍보하는 획기적인 발상을 통해 단 52일 만에 1억 뷰를 달성하는 기적을 일으켜 월드스타가 됐다.

또한 아이돌 방탄소년단은 활동 무대를 한국을 넘어 전 세계로 확대해 모두를 놀라게 했으며, K-POP의 우수성을 알리는 뉴 챔피언이 됐다.

챔피언의
비밀
두드림 *Do Dream*
노트

두드림

Part 3

두드림의 기적들

세상과 인생을 바꾼
두드림의 기적들

MBN 기자들이 지난 4년간 크고 작은 성공을 거둔 사람들의 특징을 분석한 결과, 원하는 것을 이뤄낸 사람들은 모두 그들만의 '성공 비밀'이 있었다.

누구나 원하는 목표를 이루겠다는 갈망의 두드림이 있었고 그 갈망을 어떻게 이룰 것인가를 숱하게 고민하는 생각의 두드림이 있었다. 마지막으로 가장 중요한 실행이 있었다. 실행의 두드림은 불가능을 가능으로 바꿔놓았고 상상을 현실로 바꿔놓았다.

결국 원하는 것을 꿈꾸고Dream 끝까지 꿈을 두드린Do 사람은 누구나 크든, 작든 원하는 것을 쟁취해냈다. 이것이 바로 두드림Do Dream의 기적이다.

중요한 것은 꿈을 향한 '생각의 끈', 화두를 멈추지 않는 것이다. 꿈을 향한 도전을 중단하지 않는 것이다. 안된다고 포기하지 않는 것이다.

챔피언들은 자신의 나태함을 두드려 부지런한 사람으로 바꿨고, 가난을 두드려 부자로 변했다. 누구나 "안 된다"고 하는 것을 두드려 기적을 만들어냈다.

이러한 두드림을 통해 인생을 바꾸고 세상을 바꾼 두드림의 기적들을 만나보자.

신기한 마법의 힘을 가진 두드림

두드림은 신기한 힘을 가졌다. 두드림의 힘을 믿으면 믿는 대로 됐다. 천재 물리학자 알버트 아인슈타인은 날마다 수백 번씩 "고맙습니다"라고 말했다. 실험 결과가 잘못 나와도 이것을 통해 새 사실을 알게 되어 고맙다고 했다. 그랬더니 신기하게도 모든 게 원했던 대로 고마운 결과가 나왔다.

비행기를 만든 라이트 형제, 카메라와 필름을 발명한 조지 이스트먼, 전화기를 최초로 발명한 알렉산더 그레이엄 벨, 필라멘트 전구를 발명한 토머스 에디슨의 공통점은 무엇일까?

이들은 보이지 않는 세상을 철저히 믿었다. 자신들이 고민하는 일들이 "당연하게 이뤄질 것이다"라고 확신했다.

라이트 형제는 무거운 물체를 뜨게 한 후 하늘을 날게 할 수 있다고 믿었다. 이스트먼은 기계로 사람 이미지를 찍어 똑같이 복사해낼 수 있다고 믿었다. 그레이엄은 사람과 사람을 선으로 연결해 목소리를 전달할 수 있다고 믿었다. 에디슨은 필라멘트 전구 하나로 온 세상을 밝게 할 수 있다고 믿었다.

이들의 믿음은 기적같이 현실이 됐다. 불가능을 가능으로 바꾼 이들의 공통점은 한 번도 자신이 하는 일이 불가능하다고 생각해 본 적이 없다는 것이다. 자신이 하는 일의 결과를 믿었고 상상을 현실로 바꿔놓았다. 그 결과는 인류의 역사를 크게 진화시켰다. 그리고 시대를 대표하는 챔피언이 되었으며, 후세대들에게까지 존경받는 영웅이 됐다.

벨은 다음과 같이 '보이지 않는 힘'의 위대함을 이야기한다.

"현재 우리의 모습은 과거에 우리가 했던 생각의 결과다.

이 힘이 무엇인지는 나도 모른다.

나는 단지 그 힘이 있다는 사실만 알 뿐이다."

이 '보이지 않는 힘'은 어디에서 나온 것일까? 바로 '두드림의 힘'이다.

이는 내가 이 세상의 주인공이라고 생각하는 것이며, 다른 사람이 어리석다고 하더라도 내가 꿈꾸는 세상이 있으면 그것을 향해 돌진하는 것이다. 미국의 자동차왕 헨리 포드는 "자신이 하는 일은 불가능한 일이든 가능한 일이든, 당신이 옳다고 믿고 하라"고 조언한다. 하고 싶은 일이 있으면 무조건 그 일을 두드리라는 것이다.

역사를 바꾼 위인들은 '나'를 중심으로 생각했다. 지구가 나를 위해 존재하고 세상이 나를 위해 때를 기다려준다는 생각의 두드림을 작동시킨 것이다. '두드림'하면 꿈이 이루어지고 우주의 법칙이 작동해 세상이 나를 중심으로 움직일 것이라고 믿었다. 터무니없어 보이지만, 실제로 그랬고 세상은 그들이 꿈꾸는 대로 작동했다. 나의 두드림이 세상을 움직이는 힘이 되고 그 힘은 내 안에서 나오기 때문이다. 아인슈타인의 상대성 이론도 '나'를 중심으로 세상을 바라봤기 때문에 나온 것이다.

3세 꼬마 앨리사 카슨Alyssa Carson은 〈꾸러기 상상여행〉이라는 어린이 TV 프로그램을 보고 우주 비행사가 되어 화성에 가고자 하는 꿈을 꾸었다. 그런데 그 꿈은 현실이 되었다. 7세 때 미국 항공우주국NASA 우주체험 캠프에 가게 됐고, 2015년 14세 때 나사에 발탁되어 2033년 최초의 화성인이 되기 위한 특별훈련을 받고 있다. 그는 4개 국어에도 능통하다. 이처럼 꿈을 꾸고 두드리면 신기하게 현실이 된다.

꿈은 꾸는 사람이 가져가게 된다. 무모한 일이라고 생각하지 말고 '갈망 → 생각 → 실행'의 순서대로 꿈을 '내 것'으로 만들어라.

'뇌가 섹시한 남자'로 알려진 타일러 라쉬는 대학생 시절 도서관에서 북한을 입력해보고는 한국에 관심이 생기자 한국어를 공부하게 됐고 "한국에 가고 싶다"는 꿈을 두드리게 됐다.

그랬더니 신기하게 한국 어학당에서 공부할 기회가 제공됐고, 한국 대사관에서 공부할 기회까지 생겼다. 심지어 한국 정부 장학생으로 뽑혀 유학까지 오게 됐다. 게다가 한국어에 익숙해지자 방송까지 출연하면서 갑자기 유명인사가 됐다. 두드림은 이처럼 갈망과 생각의 두드림으로 시작된다.

심찬양은 그래피티 작가다. 초등학교 2학년 때부터 만화를 그리며 만화가의 꿈을 두드렸다. 그러던 어느 날 고등학교 3학년 때 그래피티가 운명처럼 다가왔고, 그 날로 그래피티에 뛰어들었다. 그리고 꿈을 펼치기 위해 워킹홀리데이 비자를 받아 호주로 갔다. 이어 그래피티의 본고장인 미국으로 건너갔다. 미국은 심찬양의 그림을 보고 열광했고, 그는 하루아침에 스타가 됐다. 그리고 꿈에 그리던 한국을 대표하는 그래피티 작가라는 타이틀도 얻게 됐다. 꿈은 꾸고 두드리면 신기하게 이뤄지게 되는 것이다. 그러니, 여러분도 두드림하라.

새로운 미래를 열어주는 두드림

반기문 전 유엔 사무총장은 고등학교 2학년 때 존 F. 케네디 미국 대통령에게 덕담 한마디를 들었다.

"한국의 외교관을 넘어 세계를 위한 외교관이 되어라."

이 말 한마디는 반기문의 마음을 울렸고, 외교관의 꿈을 갈망으로 바꿔놓았다. 이어 그는 대학 졸업 후 외교관이 됐고 외교통상부장관에 이어 유엔 사무총장의 자리까지 올랐다.

김연아는 7세인 초등학교 1학년 때 환상의 아이스쇼 '알라딘'을 보고 피겨여왕의 꿈을 두드렸다. 8세 때인 1998년에는 미셸 콴이 나가노 동계 올림픽에서 은메달을 따는 모습을 보고 자신은 금메달의 주인공이 되는 모습을 꿈꿨다. 그리고 12년 뒤 그 꿈을 현실로 만들었다. 꿈꾸고 두드린 결과였다.

근사한 직장에 다니던 발명왕 토머스 에디슨은 22세 때 직장을 그만뒀다. 《전기학의 실험적 연구》라는 책을 읽은 게 계기였다. 전기발명품을 만드는 열정의 늪에 빠져 새로운 발명품을 두드렸다. 10년간의 두드림 끝에 32세 때이던 1879년에 필라멘트 백열전구를 세계 최초로 개발했다. 그가 완성한 두드림은 사람을 밤에도 일할 수 있도록 하였고, 결과적으로 인류의 역사를 바꿨다.

세계적인 천재 물리학자 알베르트 아인슈타인이 특수 상대성 이론을 발표한 것은 그의 나이 고작 26세 때다. 이 이론으로 그는 수백 년간 이어진 우주관을 송두리째 바꿔놓았다.

학교 성적이 나빠 낙제생 취급을 받던 바보였지만, 아인슈타인은 정규 물리학을 공부하지 않은 채 자기만의 두드림으로 11년 뒤 일반 상대성 이론을 내놓아 또다시 세상을 놀라게 했다. 다른 사람 눈치를 보지 않는 자기만의 두드림은 노벨 물리학상까지 받게 해줬다.

마케도니아 전쟁터에서 자란 알렉산더 대왕은 두려움이 없었다. 그는 세계정복의 두드림을 꿈을 꿨고, 20세에 '대왕The Great'이 됐다. 22세에는 5만 명의 군사를 이끌고 그리스 도시 국가들을 모두 정복한 뒤 오랜 숙원이었던 페르시아 제국까지 정복했다. 이집트와 인도까지 모두 손에 넣을 수 있었다. 두드림은 이처럼 두려움을 없앤다.

인류가 우주에 대한 두드림을 시작한 것은 1957년이다. 러시아는 그해 10월 4일 세계 최초로 인공위성 스푸트니크Sputnik를 우주에 쏘아 올렸다. 다시 한 달 뒤 개를 태워 2호를 발사했다.

이 같은 실행의 두드림은 우주선에서도 생명체가 생존할 수 있다는 사실을 첫 번째로 확인할 수 있게 해 주었다. 이후 "사람이 살 수 있다"는 확신으로 1961년 사람을 태운 보스토크 1호를 발사시켰고, 이로써 유리 가가린Yuri Gagarin이라는 인류 최초의 우주인을 탄생시켰다.

우주를 향한 두드림이 상상을 현실로 바꾼 것이다.

역경과 싸워 쟁취해내는 두드림

고전음악의 최대 완성자인 루트비히 판 베토벤Ludwig van Beethoven은 지독한 노력파다. 음악에서의 천재성은 없었지만, '제2의 모차르트'가 되고자 하는 꿈을 두드렸다.

그런데 26세에 귀가 멀기 시작하더니, 30세가 되자 완전히 귀머거리가 됐다. 음악계에서 퇴출될 것이 두려워 유서까지 남기고 자살을 시도

했다.

하지만 이렇게 허무하게 죽음으로 두드림을 멈출 수는 없었고, 다시 일어섰다. 귀머거리 작곡가는 두드림 끝에 〈영웅(3번)〉, 〈운명(5번)〉, 〈전원(6번)〉 교향곡에 이어 인류 최고의 예술작품 9번 교향곡 〈합창〉을 완성해냈다. 그의 위대한 두드림은 그를 악성의 반열에 올려놓았다.

헬렌 켈러는 태어난 지 19개월 만에 병에 걸려 장님, 벙어리, 귀머거리의 3중 장애우가 됐다. 그러나 최악의 상황에서 강의를 하고 책도 쓰는 작가의 꿈을 꿨다. 평범한 일반인의 삶을 갈망한 것이다.

헬렌 켈러는 불가능에 대한 실행의 두드림을 시작했다. 점자를 통해 글을 배웠고 이를 통해 책을 썼다. 10세 때는 발성법에 도전했고, 신기하게 두드림은 현실이 됐다. 그리곤 자신의 운명을 작가, 강연가, 배우, 사회사업가로 바꿔놓았다. 꿈을 향한 두드림의 결과였다.

죄수번호 46664. 넬슨 만델라는 종신형을 선고받고 27년 6개월간 감옥 생활을 한 죄수였다. 하지만 그에게는 갈망의 두드림이 있었다. 언젠가는 흑인 차별이 철폐될 것으로 믿었고 교도소에서 끊임없이 희망의 메시지를 세상에 전파했다.

38세에 투옥돼 65세에 석방되기까지 흑인 차별 철폐를 향한 만델라의 두드림은 지속되었다. 그 결과 그는 남아공 국민영웅이 되었고 76

세에 남아공 최초의 흑인 대통령이 됐다. 350여년에 걸친 인종분규도 끝이 났다. 두드림은 역경도 이겨낼 수 있는 강력한 마력을 갖고 있다.

축구 스타 박지성은 축구선수가 될 수 없는 평발을 갖고 태어났다. 하지만 그는 축구가 너무 좋았다. 그래서 축구 국가대표선수의 꿈을 두드렸다. 하지만 키도 작고 몸집도 왜소해 대학교에서는 그의 입학을 거절했다. 그래도 두드림을 멈추지 않았다. 두드리면 열리는 법. 겨우 결원이 생겨 명지대학교에 입학할 수 있었다.

그런 19세의 박지성에게 기적이 일어났다. 당시 2000년 시드니 올림픽 축구대표팀과 명지대 축구부가 연습경기를 하게 된 것이다. 박지성의 두드림은 당시 대표팀 허정무 감독의 눈에 띄었고, 단번에 올림픽 축구 국가대표선수가 됐다. 박지성은 여기에서 더 위대한 선수가 되겠다는 두드림을 멈추지 않았다. 그렇게 그는 영국 맨체스터 유나이티드 100년 역사상 첫 한국인 축구선수가 됐다.

마틴 루터킹 목사는 39세에 암살된 미국의 흑인운동 지도자이자 목사다. 비록 짧은 삶이었지만, 그가 꿈꿨던 두드림은 인류의 마음을 울렸다.

그의 나이 34세 때 했던 지금까지도 유명한 '나에게는 꿈이 있습니다 I Have a Dream'라는 역사적 연설은 인종차별 없는 세상을 여는 데 기여했다. 그는 인종차별 없는 세상을 두드려 결국 그가 원하는 세상으로 사회를 바꿨다.

인생을 환하게 밝혀준 두드림

프란치스코 교황은 가톨릭교회 역사상 1282년 만에 선출된 비유럽 출신 교황이다. 그는 생각의 두드림과 실행의 두드림이 한결같은 두드림의 실천자다. '지행합일知行合一', 즉 아는 것과 행동이 똑같은 것이다.

웨이터 생활을 하다, '가난한 자를 위한 목자', '약자를 위한 친구'가 되겠다는 두드림으로 22세 때가 되어 늦깎이 신학공부를 시작했다. 그럼에도 지행합일의 두드림은 그를 가톨릭 최고 자리에 올려놓았다.

조앤 K. 롤링은 《해리포터Harry Potter》의 성공 신화를 만들어낸 영국의 대표 작가다. 그는 소설가의 남다른 상상력으로 전 세계를 마법에 빠지게 했다. 《해리포터》가 67개 언어로 번역되어 4억 5천만 부 이상 팔리는 신드롬을 만든 것이다.

그는 어떻게 이 같은 두드림을 성취할 수 있었을까. 롤링 스스로 "성공하겠다"는 두드림이 컸기 때문이다. 과거 그녀는 모든 것을 잃고 이

혼, 무직, 무명작가, 우울증, 실패 등을 안고 낙심했었다. 그렇지만 '위대한 작가'를 향한 두드림의 열망은 누구보다 강했다.

항상 성공한 뒤의 기쁨을 생각하며 마법 세계에 대한 상상의 두드림에 빠졌고, 책으로 나온 그 두드림은 놀라운 결과를 만들어줬다.

박찬호 선수는 한국인 최초의 메이저리거다. 그는 안정된 미래가 보장된 대학입학을 포기했다. 대신에 미국 프로야구의 정글 속으로 뛰어들어 세계적인 야구 선수의 꿈을 두드렸다. 그 결과 17년간 꿈의 무대에서 124승을 달성한 '코리안 특급'이 됐다.

유재석은 데뷔 초기 '실패한' 개그맨이었다. 울렁증이 심해 카메라 앞에만 서면 주눅이 들고 대사가 기억나지 않았다. 따라서 무려 8년간이나 무명의 설움을 받았다. 하지만 그는 스타를 향한 두드림을 멈추지 않았다.

다른 스타들의 방송 장면을 녹화해 수십 번 반복해서 보는 리모컨 공부법으로 'MC 잘하는 법'을 수년 동안 두드렸다. 두드림은 자신만의 톡톡 튀는 대화법을 탄생시켰다. 그 결과 국민 MC라는 두드림을 쟁취해 낼 수 있었다.

미국의 대문호 어니스트 헤밍웨이의 두드림은 행동하는 작가였다. 그는 작가의 길을 찾아 대학도 포기했다. 그리고 제1차 세계대전이 일어나자 전쟁 소설을 쓰는 작가가 되기 위해 운전병을 자원했다.

이 경험담을 소설 《해는 또다시 떠오른다》에 담아 6년 뒤 첫 번째 두드림으로 내놨다. 이후 청년 헤밍웨이는 스페인과 터키 내전, 제2차 세계대전이 발생하자 종군 기자로 다시 전쟁터에 뛰어들었다. 소설을 쓰기 위한 두드림이었다. 이 두드림은 그 유명한 《누구를 위하여 종은 울리나》, 《무기여 잘 있거라》로 다시 태어났다. 그리고 그가 완성한 두드림은 '위대한 문호'라는 별칭과 노벨문학상 수상의 영예로 돌아왔다.

서진규는 엿장수 딸이었다. 그는 먹고 살기 위해 미국으로 갔다. 잡지판매, 식당직원, 가발공장 여공 생활을 전전하면서도 공부에 대한 두드림을 멈추지 않았다.

남편을 잘못 만나 폭행에 시달렸고 이혼까지 했지만, 두드림을 찾아 미 육군 사병으로 입대했다. 그곳에서 그는 인생을 바꾸는 두드림을 이어갔다. 군부대에서 공부를 시작해 58세에 하버드 대학교 박사가 되는 두드림을 완성한 것이다. 그러는 사이 미군 소령까지 진급했다.

좌절하지도 멈추지도 않는 두드림

세계 최대 온라인상거래업체인 알리바바 창업자 마윈은 10대, 20대 때 소위 '왕따'였다. 머리도 나빠, 하는 일마다 실패했다. 고등학교 재수, 대학교 삼수 끝에 학교에 들어갔다.

그럼에도 그는 큰 두드림이 있었다. IT 재벌의 꿈을 두드린 것이다. 남들이 비웃어도 두드림은 흔들리지 않았다. 그 결과 그는 세계 최고 부자가 됐다.

산악인 엄홍길은 세 살 때부터 서울 도봉산 중턱에 살았다. 학교를 가려면 학교와 집까지 왕복 1시간가량 산을 올라야 했다.

그러던 고등학교 2학년 때 고상돈 씨가 한국인 최초로 에베레스트산 등정에 성공했다는 뉴스를 보고 자신도 세계 최고 산악인이 되고자 하는 꿈을 두드렸다.

이후 25세 청년 엄홍길은 해발 8848m 세계 최고봉 에베레스트산 등반에 첫 도전장을 냈다. 쉽지 않은 두드림이었다. 두 번이나 실패했지만 세 번을 두드린 끝에 3년 만에 성공했다.

이후 두드림이 계속됐다. 모든 봉우리를 정복해 세계 최초로 '히말라야 16좌 완등자'라는 기록을 세웠다. 그의 두드림은 세계 최고 산악인이라는 명성을 안겨줬다.

신화를 만들어주는 두드림

두드림은 개인은 물론 기업의 신화도 만들어준다. 조성진 LG전자 부회장의 두드림은 LG전자의 가전신화를 만들어줬다. 그는 LG전자에 입사해 36년간 세탁기만을 두드린 '세탁기 박사'다. 최종 학력은 고졸. 하지만 그는 탁월한 실력과 성과로 박사학위 소유자도 쉽게 할 수 없는 부회장 위치에 올랐으며 고졸신화를 창조해냈다.

천재 비올리스트 용재오닐은 미국에 입양된 장애인 미혼모의 아들로 태어났다. 불우한 환경 속에서 어린 시절 텔레비전을 통해 비올리스트의 화음에 매료되었고 비올리스트의 꿈을 두드렸다.

두드림을 찾아낸 15세 용재오닐은 기쁨과 환희를 느끼며 비올라에 인생을 맡겼다. 그 결과 비올리스트로서는 최초로 미국 줄리아드음악원에서 '아티스트 디플로마'를 받으며 세계 최고 권위의 비올리스트 신화를 만들었다.

통기타 가수로 데뷔한 양희은은 가수가 되는 게 유일한 두드림이었다. 13세 때 아버지를 하늘나라로 보내고 소녀 가장이 되어 통기타를 메고 돈을 벌어야 했다. 노래 '아침이슬'로 큰 히트를 쳤지만 저항가수로 찍혀 금지곡이 되기도 했다.

설상가상으로 31세에 난소암 말기 판정을 받고 3개월 밖에 못산다는 시한부 선고를 받았다. 하지만 "죽지 않는다"고 강하게 믿었고 완치되어 결국 결혼도 할 수 있었다. 그러나 얼마 되지 않아 자궁근종이라는 병이 찾아와 자궁을 모두 들어내야만 했다. 그럼에도 그는 좌절하지 않았다. 계속 버티며 가수로서의 역량을 키우는 두드림을 이어갔다. 그 결과 국민의 마음을 울리는 선율의 여왕으로 사랑받는 신화를 만들어 낼 수 있었다.

새로운 역사를 쓰는 두드림

피아니스트 조성진은 피아노 천재이며, 쇼팽에 꽂힌 소위 쇼팽 매니아다. 조성진은 6세 때 피아노의 아름다운 선율에 이끌려 세계 최고의 피아니스트가 되는 꿈을 두드리기 시작했다.

그 두드림은 현실이 되어 중학교 2학년이던 14세 때, 세계 3대 청소년 음악회 가운데 하나인 모스크바 국제청소년 쇼팽 피아노콩쿠르에서 영예의 1등을 차지했다.

21세 때인 2015년에는 세계 3대 피아노콩쿠르인 폴란드 국제 쇼핑 피아노콩쿠르에서 한국인 첫 우승이라는 대기록을 만들어냈다. 그는 자신만의 생각의 두드림으로 음악의 신세계를 연주한다. 자신만의 색깔로 청중을 전율시키는 것이다.

한국을 대표하는 천재 로봇과학자 데니스 홍Dennis Hong UCLA 교수는 7세 때 영화 〈스타워즈〉를 봤다. 그리고 이때부터 로봇 과학자가 되고자 하는 꿈(두드림)을 장래소망으로 정했다.

청년으로 성장한 그는 이 꿈을 현실로 만들었다. 꿈을 찾아 미국으로 유학을 갔고 '로봇 대가'가 되기 위해 치열한 공부 끝에 공학 박사학위를 땄다.

그리고 2011년 모두가 불가능하다고 생각했던 시각장애인용 자율주행 자동차를 개발하는 데 성공했다. 세계 최초였다. 〈워싱턴 포스트〉는 이를 '달 착륙에 버금가는 성과'라고 평가했다. 〈파퓰러사이언스〉는 데니스 홍을 젊은 천재 과학자 10명 중 한 명으로 선정했다. 두드림의 결과는 이처럼 달콤한 것이다.

미국 항공우주국에서 화성탐사 프로젝트를 총괄하고 있는 사람은 다름 아닌 한국인이다. 여성과학자 제인 오(Jane Oh; 한국 이름, 장미정)는 화성 거주지 건설의 첫 단계 목표인 '마스(Mars) 2020' 프로젝트를 추진하고 있다.

그의 두드림은 10세 때 시작됐다. 1969년 7월 20일, 흑백 텔레비전을 통해 인류 최초로 달에 착륙한 아폴로 11호가 발사되는 장면을 보면서 우주 전문가의 꿈을 키웠고 결국 미국 우주프로젝트를 총괄하는 사람으로 성장했다.

미국인 맥스 모어Max More는 '냉동인간'을 만드는 기술자다. 그가 만든 생명연장재단 앨코Alcor에는 현재 150여 명의 냉동인간이 잠들어 있다. 그는 불치병에 걸려 죽게 될 사람들을 냉동인간으로 만들었고, 치료법이 개발되면서 다시 깨워 치료하리라는 원대한 꿈을 두드리고 있다. 아직 깨우는 기술은 개발되지 않았지만, 먼 훗날 냉동인간이 다시 깨어나 신기술의 도움으로 생명력을 회복하게 되면 꿈은 현실이 될 것이다.

$\mathcal{D}o\,\mathcal{D}ream$

챔피언을 만든 두드림의 기적들

- ✓ 결과를 먼저 생각하라, 그러면 이뤄진다.
- ✓ 방법을 고민하라, 그러면 해법이 등장한다.
- ✓ 원하는 것을 갈구하라, 그러면 얻게 된다.
- ✓ 하고 싶은 일을 하라, 그러면 결과가 생긴다.
- ✓ 잘 될 것이라고 말하라, 그러면 잘 된다.
- ✓ 불가능이 없다고 믿어라, 그러면 기적이 일어난다.
- ✓ 상상하라, 그러면 현실이 된다.
- ✓ 웃고 기뻐하라, 그러면 기분이 좋아진다.
- ✓ 기도하라, 그러면 기도가 이뤄진다.
- ✓ 배려하라, 그러면 더 큰 기쁨이 찾아온다.
- ✓ 남을 사랑하라, 그러면 나도 사랑받게 된다.
- ✓ 남을 용서하라, 그러면 나도 용서받게 된다.
- ✓ 이웃을 도와라, 그러면 내게 더 큰 도움이 온다.
- ✓ 행복하다고 생각하라, 그러면 행복해진다.
- ✓ 좋은 것을 두드려라, 그러면 좋은 게 온다.

챔피언을 만든
두드림의 기적들

　우리는 한 분야에서 최고의 자리에 오른 사람을 챔피언이라고 하는데, 특히 올림픽과 월드컵, 골프, 권투 등의 스포츠 게임에서 금메달의 주인공을 챔피언이라고 한다.

　그들은 어떻게 챔피언이 됐을까? MBN 기자들이 지난 4년간 챔피언들의 성공 비밀을 분석한 결과, 한결같이 두드림의 기적을 갖고 있었다. 도전 정신과 할 수 있다는 캔두 정신, 즉 두드림 정신으로 똘똘 뭉쳐 있었다. 특히 자신의 환경을 탓하지 않았다. 오히려 주어진 환경을 자신의 운명을 바꿀 수 있는 기회로 변화시키는 놀라운 적자생존의 적응 능력을 보였다.

　그리고 두드림의 성공신화를 작동시켰다. 꿈꾸고 도전하는, 평범하지만 위대한 두드림을 멈추지 않았다. 실패해도 꿈을 두드렸고 좌절하더라도 자신을 두드려 다시 일으켜 세웠다.

꿈을 향해 갈망의 두드림을 시작했고, 갈망에 다가가는 방법을 찾아 생각의 두드림을 멈추지 않았다. 철저한 실행의 두드림으로 갈망을 현실로 바꿔놓았다.

원하는 것을 꿈꾸고 끝까지 꿈을 두드린 사람은 누구나 크든 작든 원하는 것을 쟁취해냈다. 이것이 바로 두드림의 기적이다. 여러분도 지금 두드리는 게 없다면 빨리 두드림을 찾아내라.

박상영, '할 수 있다' 는 믿음이 기적을 만든다

"나는 할 수 있다. 할 수 있다. 나는 할 수 있다."

브라질 리우올림픽 남자 '펜싱에페' 개인전 결승. 21세의 펜싱선수 박상영은 10:14로 점수가 뒤처진 상황이었다. 하지만 그는 1분 간의 휴식시간에 "나는 할 수 있다. 이길 수 있다"는 마법의 주문을 불어넣었다.

긴박한 순간에 자신에게 불어넣은 두드림의 마법은 신기하게도 그에게 챔피언의 금메달을 안겨줬다. 4점이나 뒤처진 상태에서 패배가 거의 확실시 됐지만, '찌르기 한 방'이라는 실행의 두드림이 모든 상황을 바꿔놓았다.

> "운동을 처음 시작하면서
> 세계에서 제일 잘하는 펜싱선수가 되겠다고 '갈망'했죠.
> 그리고 펜싱이 장난감 놀이가
> 될 정도로 '실행'에 집중했어요.
> 경기에 임할 때는 어떻게
> 이길 것인가 '생각'에 골몰했죠."

　　무명의 검객에서 단숨에 올림픽 스타로 거듭난 박상영은 좌절의 순간이 많았다. 올림픽 출전 1년 전에 열린 전국체전에서 1회전 탈락이라는 수모를 겪기도 했다. 하지만 그를 살려낸 것은 실행의 두드림이었다.

> "다시 해보는 거야!
> 열심히 연습하면 될 거야.
> 할 수 있잖아."

스스로 최면을 불어넣으며 하루 8시간씩 실행의 두드림에 빠져 자신과의 싸움에 매진했다. 그 결과는 놀라운 위력을 가져다줬다. 국내 전국체전 1회전 탈락의 선수가 세계 1등 선두로 도약할 수 있는 마법을 가져다준 것이다. 할 수 있다는 실행의 두드림 정신으로 갈망하던 두드림의 꿈을 일궈낸 것이다.

박인비, 자신을 믿는 만큼 이뤄진다

"이까짓 거, 반드시 넣을 수 있다."

골프 여제 박인비는 퍼팅을 할 때 스스로에게 '공은 반드시 홀에 들어갈 것이다'라는 최면을 건다. 특히 결정적인 순간, 챔피언 퍼팅을 할 때는 더욱 강한 확신을 갖고 한다. 자신을 믿는 이 마법 같은 주문은 매번 기적을 낳았다.

겉보기에 그는 퍼팅할 때 큰 준비를 하지 않는 것처럼 보이지만, 수많은 생각의 두드림에 빠져서 행동한다. 골프공을 어떤 강도로 쳐야할지, 그린의 라이lie, 기울기 각도가 어떤 상태인지, 공을 쳤을 때 어떤 모습으로 굴러가게 될지 수도 없이 머리를 굴린다.

그리고 상상하는 대로, 생각하는 대로 공이 굴러 들어갈 것이라고 믿고 실행의 두드림에 나선다. 신기하게도 박인비가 품었던 생각의 두드림대로 공은 꼭 흘러들어 간다.

"생각의 힘은 대단한 것 같아요.
어떤 방향으로, 어떤 힘의 세기로
쳐야겠다고 생각하고 그렇게 될 거라고 자신감을 가지면
생각대로 되는 것 같아요."

박인비는 골프를 칠 때마다 생각의 두드림에 집중한다. 드라이브를 어디를 보고 어떤 방향으로 쳐야 할지, 아이언으로 쳐야 할지, 우드로 쳐야 할지, 거리를 얼마나 멀리 보내야 할지, 짧게 보내야 할지, 모두 생각의 두드림이 먼저다.

그리고 생각한 것을 그대로 실행의 두드림으로 옮긴다. 이때는 믿음이 있다. 연습한 대로 될 것이라는 강한 확신 속에 스윙을 한다.

"생각의 힘은 참 신기한 것 같아요.

남편과 생각을 주고받으면서

'내년에는 브리티시여자오픈

우승을 하면 정말 좋겠어'라고 했는데,

그렇게 됐어요.

리우 브라질올림픽 때도

금메달을 따야겠다고 생각했는데,

진짜 금메달을 땄죠."

골프여제 박인비의 생각의 두드림은 원하는 모든 것을 이뤄주는 마법을 발휘했다. 박인비는 "3~4년 동안 절실하게 원하는 모든 게 말하는 대로, 마음먹은 대로 모두 이뤄졌다"며 갈망의 두드림은 신기한 힘이 있다고 말한다. 두드림은 신기하게 그녀를 골프의 전설로 만들어줬다.

엘로드, 아침 6분이 인생을 바꿨다

《미라클 모닝The Miracle Morning》의 저자 할 엘로드Hal Elrod는 스무 살에 음주운전을 하던 대형 트럭과 정면으로 충돌하는 교통사고를 당했다. 이때 6분간 깨어나지 못하는 신체적 죽음을 경험했다. 열한 군데 골절상과 함께 영구적인 뇌 손상을 입었다. 수술을 집도했던 의사는 다시는 걸을 수 없을 것이라는 청천벽력 같은 선고를 내렸다.

하지만 그는 '다시 일어설 수 있다'는 두드림을 잃지 않았다. 그러자 신기한 일이 일어났다. 다시 일어서게 된 것이다. 그리고 주방용품 영업사원으로 일을 시작하게 됐다. 그가 '내 고객이 되면 좋겠다'고 생각하면 상대방은 그의 고객이 됐다. 기억력을 잃고 말도 어눌했지만, 놀랍게도 전체 영업사원 중 1등 챔피언이 됐고 회사 명예의 전당에 이름까지 올리는 대성공을 거뒀다.

하지만 이후 사업을 시작했다가 빚더미에 올라서며 경제적 죽음에 직면했고, 심각한 우울증에 빠졌다. 최악의 순간을 맞은 엘로드에게 친구가 조언을 했다.

"친구, 달리기로 아침을 시작해봐."

이 말 한마디는 엘로드의 인생을 바꿔놓았다. 문제의 해결책은 스스로에게 있다고 생각한 그는 자신에게 용기를 주는 자기계발을 시작하기로 했다. 우선 엘로드는 '아침 6분' 동안 생각의 두드림에 잠기는 자아성찰을 시작했다.

첫 1분은 침묵 속 명상하기, 두 번째 1분은 다짐과 확신의 말 읽기, 세 번째 1분은 성취하고자 하는 것 상상하기, 네 번째 1분은 일기쓰기, 다섯 번째 1분은 자기계발서나 서적 한두 쪽 읽기, 여섯 번째 1분은 운동하기를 시작했다.

그런데 이 아침시간 6분이 신기하게도 '기적의 삶'을 만들어줬다. 두 달 만에 엘로드를 파산과 우울증에서 벗어나게 해준 것이다. 생각한 대로 모든 일들이 술술 잘 풀렸다. 경제적으로 안정을 찾았고, 삶은 신바람 넘치게 됐다. 마법 같은 기적의 힘을 경험한 엘로드는 자신의 아침 습관을 '미라클 모닝'이라고 이름 짓고 사람들에게 아침 6분간 생각의 두드림에 빠질 것을 권유하는 동기부여 전문가가 됐다.

"지금 당장 시작해보세요.

삶의 무엇이든지 바꿀 수 있습니다.

매일 아침 6분만 자신에게 투자하면

기적을 경험하게 될 겁니다."

당신은 하루 24시간, 1,440분인 하루를 어떻게 보내고 있는가? 특히 아침잠에서 일어나자마자 '첫 6분'을 어디에, 어떻게 사용하고 있는가? 인생을 바꿀 생각의 두드림은 정말 사소한 일을 시작하는 데서 시작된다. 사소할 것 같은 실행의 두드림이 쌓이고 또 쌓이면 자신도 모르게 놀라운 발전과 변화가 생긴다.

이제 우리가 아침 일찍 해야 할 소중한 일은 오늘의 두드림을 시작하는 일이다. 작은 습관처럼, 반드시 해야 할 통과의례처럼 기적의 두드림을 시작해야 한다. 이를 통해 나의 마음을 바로 세우고 나 자신을 두드림의 궤도에서 이탈하지 않도록 해야 한다. 두드림을 잊지 않고 생활하는 게 바로 성공으로 다가가는 지름길이다.

손정의, 꿈을 찾아 중퇴하다

일본 최대 IT회사인 소프트뱅크SoftBank 창업자 손정의는 재일교포 3세다. 그는 일본의 빌 게이츠, 일본 최대 재벌로 불린다.

그는 1957년 일본 규슈의 무허가 판자촌에서 태어났다. 할아버지는 한국에서 끌려온 탄광노동자였다. 생활이 어려워 돼지를 키웠으며 아버지는 생선 장사를 해야 했다. '근면 성실함' 하나로 열심히 생활한 결과 아버지는 큰돈을 벌 수 있었다.

하지만 견디기 힘든 것은 한국인이라는 일본의 차별과 멸시를 견뎌
내는 일이었다. 한번은 일본 친구가 던진 돌에 맞아 큰 상처를 입기도
했다. 이에 재일교포라는 사실을 숨겼지만 여권에는 여전히 재일교포
외국인이었다.

"차별 없는 세상에서 공부하자.

고등학교 1학년 때 자퇴를 하고

부모님의 반대를 무릅쓰고

미국으로 유학을 떠났습니다."

손정의는 편견과 차별을 떠나 스스로의 꿈을 찾아내기 위한 두드림
을 시작했다. 미국에서는 일본인을 만나지 않았다. 스스로 하고 싶었던
두드림을 찾아 공부에 몰두했다. 두드림을 찾던 그의 눈에 마침내 컴퓨
터가 들어왔다. 과학 잡지에 실린 '인텔의 8080 컴퓨터 칩'이 그의 심장을
요동치게 만든 것이다. 두드림을 찾아낸 그는 감동의 눈물까지 흘렸다.

"'바로 이거야. 컴퓨터가 세상을 바꿔놓게 될 거야.'

그날 이후 저는 컴퓨터 칩이 찍힌 사진을

베개 밑에 두고 잤고

낮에는 가방에 넣고 다녔어요."

    손정의의 두드림은 그 누구보다 강렬했다. 두드림이 강할수록 큰 성공을 거두는 법. 손정의는 "언젠가는 컴퓨터 분야 창업자가 되겠다"는 꿈을 키웠다. 그는 컴퓨터 관련 기술을 연구하고 이로 인해 변화할 새로운 미래를 상상하며 생각의 두드림에 빠졌다.

    대학을 졸업한 손정의는 일본에 귀국해 두드림을 실행에 옮겼다. 컴퓨터 소프트웨어를 유통하는 회사인 소프트뱅크를 창업한 것이다. 수년에 걸쳐 상상의 두드림을 통해 완성된 소프트뱅크는 나날이 발전해 큰 성공을 거뒀다.

    그런데 이게 어찌된 일인가? 1982년 25세 때 중증 간암이 나타난 것이다. 그를 무너뜨린 것은 5년 밖에 살 수 없다는 시한부 인생 선고였다. 그는 아버지가 가르쳐줬던 긍정의 두드림을 생각해 냈다.

"다 잘 될 거야.

아버지는 나에게

무엇이든지 마음먹기에 따라

모든 게 달라진다고 했잖아."

이후 회사를 그만두고 치료에 집중했다. 3년 동안 병원신세를 지며 책 속에 빠져 생각의 두드림에 젖었다. 이때 일본 근대화를 이끈 주역 사카모토 료마坂本龍馬의 어록을 읽고 큰 용기를 얻었다.

"죽음을 선고받는다 해도

즐겁게 최선을 다해 살아간다면

누구나 즐거운 삶,

행복한 삶을 만들 수 있다.

인생도 바꿀 수 있다."

죽음의 문턱 앞에서 손정의는 생각의 두드림을 다시 가다듬었다. 그리고 절망 속에서 용기와 희망을 찾기로 했다.

"1%라도 살 가능성이 있다면 죽지 않는 거야!"

손정의의 이 같은 생각의 두드림은 기적같이 그를 절망에서 건져냈다. 획기적인 간암치료법을 개발한 구마다를 만나 건강을 회복했고, 시한부 인생 선고 5년을 넘겼으며, 일본 최고의 부자가 됐다. 텃세가 심했던 일본에서 한국인 손정의는 "그래도, 뭐든지 할 수 있다"라는 긍정의 힘으로 자신을 무장시켰다. 그리고 학창시절 머릿속으로만 꿈꿨던 창업의 두드림으로 일본 최고의 부자 반열에 올랐다.

　　그는 판잣집 흙수저의 초라하고 평범했던 자신의 운명을 누구나 우러러보는 '자수성가의 상징'으로 만들어놓았다. 상상은 현실이 되었고 '곧 죽는다'는 의사의 진단은 거짓말이 되었다. 그는 상상력을 동원해 생각의 두드림으로 미래를 설계하라고 말한다. 상상한대로 인생이 바뀐다고 믿는다. 손정의는 19세 때 다음과 같은 인생 50년 두드림 계획을 세웠다.

"20대, 이름을 알린다.

　30대, 사업 자금을 모은다.

　40대, 큰 승부를 건다.

　50대, 사업을 완성시킨다.

　60대, 다음 세대에 사업을 물려준다."

이 같이 자신이 설정한 상상의 두드림은 그의 삶을 희망대로 만들어 줬다. 20대에 이름을 알리기 위해 소프트뱅크를 창업했고, 30대 때 굴지의 기업에서 투자를 받았다. 40대 때 닛폰텔레콤 등 굴지기업을 인수하는 사업 확장에 나섰고, 50대 때 일본을 넘어 세계적인 기업을 일궈냈다. 손정의는 "언제든지 길은 있다"며 "어쩔 수 없다든지 어렵다는 말을 하면 할수록 해결과는 멀어질 뿐이다"고 말한다.

이순신, 불가능을 가능으로 만들다

12척 대 330척.

1597년 9월 명량대첩에서 12척의 배를 가진 조선수군이 330척 군단을 거느린 왜적을 맞서 승리하기는 불가능한 일이었다.

당시 칠천량해전에서 대패를 한 상태였기 때문에 병사들의 사기는 땅에 떨어져 있었다. 백성과 군사 모두 두려움에 떨고 있었다. 살고 싶은 마음에 아군까지 이순신을 암살하려 하고 거북선에 불까지 질렀다. 그야말로 사면초가의 상태였다. 부하 장군조차 무모한 전투라며 이순신을 만류했다. 조선의 왕 선조마저 바다를 포기하고 육지 전투에 임하라는 명령을 내렸다. 그만큼 전투에 승리하는 것은 불가능한 상황이었다.

하지만 이순신은 갈망의 두드림으로 승리의 전략을 짜고, 오히려 왕을 설득했다.

"신에게는 아직도 12척의 배가

남아 있습니다.

죽을힘을 다하여 나가 싸우면

능히 해낼 수 있습니다."

'今臣戰船尙有十二,

出死力拒戰則猶可爲也

(금신전선상유십이,

출사력거전즉유가위야)'

이순신은 병영을 모두 불태우고 "필사즉생 필생즉사 必死則生 必生則死"를 외쳤다.

"죽고자 하면 살 것이고,

살고자 하면 죽을 것이다."

'이길 수 있다'는 이순신의 이 같은 캔두 정신은 대승大勝이라는 기적을 만들어냈다.

불가능한 일도 내 마음 속으로 이길 수 있다고 믿으면 신기하게 기적이 일어난다. 이 놀라운 믿음으로 이순신은 '불가능'을 '가능'으로 바꿔 조선의 역사를 바꿨다.

이순신은 《난중일기》에서 "사람이 길목을 지키면 천명도 두렵게 할 수 있고 두려움에 맞서는 자는 역사를 바꿀 수 있다"고 기록하고 있다. 이순신은 이기는 전략으로 두려움에 맞서 역사를 바꾼 것이다. 어떤 일이든 두려워하면 지는 법이다. 불가능을 가능으로 바꾼 위인들은 두려움이 없었다. 최악의 위기 상황에서도 생각의 두드림으로 두려움을 이겨낼 수 있는 지혜를 발휘했다.

Do Dream

챔피언의 두드림의 기적 따라 하기

- ✓ 현실을 불평 말라, 극복하라.
- ✓ 시련을 탓하지 말라, 시련을 즐겨라.
- ✓ 나만 불행하다고 생각 말라, 누구나 아픔이 있다.
- ✓ 왜 가난하냐고 탓하지 말라, 부자가 되면 된다.
- ✓ 왜 이렇게 태어났냐고 하지 말라, 운명을 바꿔라.
- ✓ 나태하지 말라, 남을 이기려면 바쁘게 살라.
- ✓ 짜증내지 말라, 항상 웃고 기뻐하라.
- ✓ 절대 부모를 탓하지 말라, 가장 소중한 존재다.
- ✓ 불행을 절대 슬퍼하지 말라, 기쁨이 될 수 있다.
- ✓ 나를 먼저 생각하지 말라, 먼저 배려하라.
- ✓ 남을 미워하지 말라, 먼저 사랑하고 인사하라.
- ✓ 용서받길 기다리지 말라, 먼저 용서하라.
- ✓ 이웃을 아픔을 외면 말라, 기부하고 먼저 도와라.
- ✓ 나쁜 생각을 하지 말라, 좋은 생각할 시간도 없다.
- ✓ 거짓말을 하지 말라, 참된 말로 친구를 만들라.

챔피언의
비밀
두드림 *Do Dream*
노트

두드림

....

Part 4

영웅들의 성공 비밀

영웅들을 만든
두드림

　MBN 기자들은 첫 번째 자기계발서적《청춘이여! 성공주문을 외쳐라!》를 통해 성공한 사람들의 성공 비밀을 분석해냈고, 이어《두드림 (Do Dream)》과《두드림, 불가능을 즐겨라》를 통해 쉬운 길보다는 거칠고 힘든 길, 남이 가는 길보다는 나만의 길을 걸어 성공의 꿈을 이룬 영웅들의 성공스토리를 소개했다.

　그리고 4년간 추적 끝에 마침내 찾아낸 성공한 사람들의 성공 비밀 두드림. 크고 작은 성공을 거둔 모든 사람은 자기 자신이 꿈꾸는 두드림을 갖고 있었다. 또한 두드림을 자신의 것으로 만들기 위해 착실하게 미래를 설계하고 한 발짝 한 발짝 성공을 향한 발걸음을 게을리 하지 않았다.

영웅들은 갈망의 두드림을 통해 가슴 뛰는 꿈을 꾸었다. 생각의 두드림을 통해 꿈을 성취하는 방법들을 고민하고 찾아냈다. 실행의 두드림을 통해 할 수 있는 것부터, 작은 것부터, 차근차근 실행에 옮겼다. 어떤 때는 서둘렀고 어떤 때는 게으름도 피웠지만, 절대 포기하지 않았다.

목표를 정하면 '갈망 → 생각 → 실행'의 3단계 두드림 실천법에 따라 행동했다. 꿈을 이뤘을 때를 상상하며 자신의 삶을 변화시켰고 운명을 바꿨다. 나아가 세상을 변화시켰고 다른 사람의 희망이 되었다. 특히 성공한 사람들은 변화를 자기 발전과 성장의 기회로 활용했다.

대한민국 대표 청년포럼 'MBN Y 포럼'은 이와 같은 방법으로 두드림을 실천한 '2030 우리들의 영웅들'을 뽑았다. 15만 여명이 투표를 통해 12명의 영웅을 선정했다.

비고시 출신 첫 여성 외교부장관 강경화, 축구의 본고장에서 황색돌풍을 일으킨 차범근 전 감독이 글로벌영웅에 올랐다. 모바일 게임시대를 선도한 방준혁 넷마블게임즈 의장, 대학생이 뽑은 최고의 CEO 임지훈 카카오 대표가 경제영웅에 선정됐다.

문화 · 예술영웅에는 〈신과 함께〉로 1천만 관객 돌풍을 일으킨 영화배우 하정우, K-POP 신드롬을 일으킨 '괴물신인' 워너원, 국민악녀에서 국민사이다녀로 변신한 연기달인 이유리, 세계 최초, 세계 최대 규

모 가야금 연주 기네스에 도전한 꿀언니 이하늬가 최종 선정됐다.

스포츠영웅에는 한국 프로야구의 전설인 국민타자 이승엽, 뇌섹남으로 변신한 농구 레전드 서장훈, 롯데월드타워를 정복한 스포츠 클라이밍 세계챔피언 김자인, 양궁 세계챔피언 활의 여신 장혜진 선수가 영웅으로 뽑혔다.

이 '우리들의 영웅'은 어떤 두드림으로 성공신화를 만들었을까?

글로벌영웅
강경화

최초 신화를 만든 첫 여성 외교부장관

대학을 졸업한 22세의 사회초년생 강경화 외교부 장관은 PD 겸 아나운서로 사회생활을 시작했다. 강경화의 두드림은 여성으로서 유리 천장을 뚫고 최초, 최고로 인정받는 사람이 되는 것이었다. 이를 위해 새로운 기회를 찾는 도전을 멈추지 않았다.

강경화의 두드림은 그를 대한민국 최초의 여성 외교부 장관으로 만들어줬다. 그것도 외무고시 출신도 아닌 사람, 국내 아무런 기반도 없는 국제통, 유엔UN이라는 글로벌 무대에서 실력으로만 승부 걸었던 여성이 만들어낸 큰 성과였다. 20대 아나운서였던 강경화는 어떻게 자신의 운명을 바꾼 것일까? 그의 성공에는 어떤 비밀이 숨어 있을까?

성공을 향한 첫 번째 강경화의 변신은 해외 유학이었다. 아나운서 역량을 살려 미국 매사추세츠 대학교에서 커뮤니케이션을 전공해 박사학위를 받았다. 꿈을 향한 실행의 두드림을 시작한 것이다.

"더 큰 꿈을 이루려면

더 큰 세상에서

더 많은 공부를 해서

실력을 쌓아야지."

당시 1980년대 초만해도 여자 혼자 유학을 보내지 않던 시절이었다. 하지만 강경화와 부모님은 남달랐다.

"저의 부모님께서는 하고 싶은 대로 하게끔 하셨어요.

한 번도 노(No)라고 안 하신 것 같아요.

중·고등학교 다닐 때 하고 싶은 거 다하고,

대학 졸업하고 유학 가겠다고 했을 때

부모님은 흔쾌히 가보라고 하셨어요."

이 같은 부모님의 열린 생각 덕분에 그는 늘 새로운 기회를 찾아다 녔다.

"저는 새 기회를 늘 찾았어요.

어떤 기회가 주어지면 따지지 않았어요.

그냥 최선을 다했죠."

강경화는 새로운 기회를 찾아 나섰던 자신의 열정이 오늘날 자신을 만든 성공 비밀이라고 말한다. 미국 유학을 통해 박사학위를 받은 그는 교수, 국회의장 비서관으로 자신을 한 단계씩 발전시켜나갔다.

1998년 김대중 정부에서 외교부 국제전문가로 특채되면서 외교관으로 자신의 운명을 바꿨다. 김대중 대통령의 통역사로 남다른 실력을 뽐내며 이어 1999년 외교통상부 홍순영 장관의 보좌관으로 발탁됐다.

최선을 다하는, 실력으로 승부를 거는 꿈을 향한 두드림이 그녀를 승승장구의 길로 이끌어줬다. 국제 전문가로서 인정받은 그는 2005년 외교통상부 국제기구국장을 맡으면서 국제무대에서 실력을 인정받는 계기를 만들었다.

바로 코피 아난Kofi Annan 유엔 사무총장 시절인 2006년에 유엔 인권고등판무관실 부고등판무관으로 발탁된 것이다. 한국인으로 처음 있는 일이었다. 눈부신 활약으로 2009년에는 유엔 인권최고대표사무소 부대표에 이어 2013년 유엔 인도주의업무조정국 사무차장보에 임명되었다. 강경화는 10년간 유엔에서 일하며 3명의 사무총장 모두에게 중용된 유일한 인재로 손꼽힌다.

유엔의 정책특별보좌관으로 활동 중이던 강경화는 2017년 6월 대한민국 외교부 70년 역사상 최초의 여성 장관으로 임명됐다.

남들의 눈에 발탁되는 두드림

강경화의 첫 번째 성공 비밀은 발탁 받을 만한 실력 키우기에 있다. 그는 스스로를 실력 있고 멋진 여성으로 만들고 싶은 욕망이 누구보다 강했다. 따라서 어떤 일이 주어지든지, 그 분야에서 최고의 실력을 쌓기 위해 노력했다. 최고가 되고자 했던 그의 피나는 노력은 어떤 일을 하든지 그를 돋보이게 만들었다.

"당시 유엔 인권고등판무관이던

루이즈 아버(Louise Arbour)가

저를 부고등판무관으로 코피 아난 총장에게 추천했어요."

아버 판무관은 당시 우리 정부의 외교통상부 국제기구국장으로 활동하던 강경화를 국제무대로 불렀다. 한국 여성으로서 유엔에서 맡은 가장 높은 직책이었다. 강경화가 인권문제에 대해 남다른 식견과 능력을 나타냈기 때문이다.

강경화를 국제기구국장으로 발탁한 주인공은 당시 장관이었던 반기문 전 유엔 사무총장이었다. 강경화는 실력을 키워 자신을 발탁하고 싶은 인재로 만들었던 것이다.

강경화의 두 번째 성공 비밀은 탁월한 적응력에 있다. 부고등판무관이 되어 제네바에서 일하게 된 그를 힘들게 했던 것은 외로움이었다.

"제네바에 처음 갔을 때

너무 외롭더라고요.

애들 다 두고 혼자 갔는데, 생각해보면 용감했죠.

당장 집에 돌아가고 싶었어요."

하지만 그는 남다른 적응력을 보였다. "100일 정도 지낸 뒤 힘들면 돌아가겠다"고 마음먹었지만, 일에 몰입해 숫자 세는 것조차 망각하고 지냈다. 그는 "새로운 일을 할 수 있는 기회가 왔을 때 두려워하기보다는 호기심과 욕심을 앞세워야 한다"고 조언한다.

강경화의 세 번째 성공 비밀은 용감함이다. 그의 국제무대 진출은 도전으로 시작했다. 외교부 근무할 당시 유엔에 스스로 지원한 것이다. 도전적인 내용에 깜짝 놀란 차관이 면접을 보러 오라고 했다. 이렇게 해서 유엔 생활을 경험하는 첫 계기를 만들었다.

강경화는 차관에게서 "용감합니다"라는 말을 들었었다며 "살면서 다양한 기회가 생기는데, 새 일을 경험할 수 있는 기회가 왔을 때 주저하지 말라"고 조언한다.

강경화의 두드림은 그를 아나운서에서 교수, 국회의장 국제비서관으로 탈바꿈시켜줬고 이어 외교관, 유엔 부대표, 장관으로 만들어 주었다.

〈강경화 영웅의 두드림〉 — *Do Dream*

아나운서로 사회생활을 시작한 강경화는 글로벌 무대로의 진출을 꿈꿨다. 직장을 그만두고 유학을 떠나 박사학위를 받으며 실력을 키웠다. 교수로 자신을 성장시킨 데 이어 외교관이 되었다. 한국인 최초로 유엔 인권고등판무관실 부판무관에 발탁된 데 이어 첫 여성 외교부 장관이 됐다. 꿈은 두드리면 이뤄진다.

글로벌영웅
차범근

대한민국 축구의 전설

글로벌영웅 차범근 전 국가대표팀 감독은 대한민국 축구의 전설이다. 축구선수에 이어 코치, 감독, 지도자, 해설가로 국민적인 사랑을 받았다.

그는 한국 축구선수 중 단 한 명도 해외진출이 없던 1980년대, 한국인 최초로 독일의 프로축구 리그인 푸스발–분데스리가에 진출했다. 또한 1972년부터 1986년까지 대한민국 축구 국가대표팀의 주전 공격수로 활약했으며, 최다 득점 선수로 기록되는 발군의 실력을 발휘했다. 독일 분데스리가에서도 아시아인으로서는 역대 최다득점인 리그 통산

사진 협조 : 매일경제

98골을 기록하며 '차붐'을 일으켰다.

국제 축구 역사 & 통계 연맹, 영국 ESPN통신, 아시아 축구 연맹AFC 등에서 20세기 아시아의 선수로 선정됐으며, 〈월드 사커World Soccer〉 에서는 '잊을 수 없는 100대 스타', '20세기 축구에 영향을 미친 100인' 에도 선정되는 영예를 안았다.

차범근 영웅은 어떻게 축구황제가 될 수 있었을까?

"나는 축구로 세상의 주인공이 되는 꿈을 키웠습니다.

축구를 통해 성공할 수 있다고 믿었고

축구를 통해 세상에 기쁨과 희망을 주고 싶었습니다."

차범근은 경기도 화성의 가난한 집에서 태어났다. 초등학교 시절 운동신경이 남다르다는 사실을 알고 축구로 성공하겠다는 두드림을 키웠다. 축구로 성공하겠다는 갈망의 두드림을 시작한 그는 서울 경신중·고교 축구반에서 밤낮없이 축구에 매진했다.

그 결과 1971년 18세 때 청소년 대표가 된 데 이어, 고려대학교 1학년 때인 19세에 역대 최연소로 성인 국가대표팀에 발탁되는 영광을 안았다. 열아홉 첫해 기라성 같은 선배들을 제치고 축구 기자단이 선정하는 최우수상을 받았다. 이후 태극마크를 달고 A매치(국가대표 간 경기) 136경기에 출전해 58골을 터뜨렸다.

국가대표선수로 국민적인 사랑을 받은 차범근은 이에 그치지 않고 글로벌 무대를 향한 꿈을 키웠다.

"새로운 희망을 찾고 싶었습니다.
TV를 통해 본 유럽의 잔디 경기장,
꽉 찬 관중석은 부러움 그 자체였죠.
그래서 독일 진출을 결정했죠."

차범근의 독일 행은 국민에게 큰 기쁨을 선물했다. 우리 국민들이 힘

들고 배고프던 시절 유럽 최고의 무대에서 숱한 골을 터뜨려 모두의 희
망이 되었다. 온 국민은 그의 골 소식에 환호했다.

"축구는 꿈을 이뤄준 대문과 같아요.

축구라는 대문을 열고 나가서

명예, 성공, 안정적인 삶,

사랑하는 아이들과 아내.

모든 것을 축구로 이뤘죠."

그는 두드림대로 축구를 통해 모든 것을 이뤄내는 주인공이 됐다. 무
엇이든지 한 가지를 잘 하면 누구나 원하는 모든 것을 이뤄낼 수 있다.

타고난 재능을 살려낸 두드림

글로벌영웅 차범근의 첫 번째 성공 비밀은 자신의 재능을 빨리 찾아
냈다는 점이다.

"저의 민첩한 몸동작

축구공을 갖고 노는 현란함을 보고

사람들이 운동을 권했어요."

자신의 끼를 발견한 차범근은 한 번도 외도를 생각해본 적이 없다. 축구를 통해 승부를 걸겠다고 마음먹고 축구에 인생의 모든 것을 걸었다. 한눈팔지 않고 축구 최고 전문가의 길을 걸었다. 지독한 실행의 두드림을 실천에 옮겼다.

청소년 대표시절은 물론, 국가대표선수에 이르기까지 오직 축구만을 생각하고 살았다. 1978년 아시아선수 가운데 처음으로 독일 분데스리가에 진출한 뒤 10년간 여행 한 번 하지 않고 밤에 외출도 하지 않았다. 오로지 로봇처럼 축구만 했다.

차범근의 두 번째 성공 비밀은 "노력이 내일을 열어준다"고 믿은 것이다.

"세상은 비가 오는 날도 있고

눈이 흩날려 앞이 잘 보이지 않을 때도 있다.

하지만 늘 그런 것은 아니다.

노력이 희망을 만들고

밝은 내일을 열어준다."

차범근은 열정을 담은 도전과 노력이 성공을 만들어줄 것이라고 믿었다. 대한민국 최고 축구선수가 되겠다는 목표를 세우고 한 걸음 한 걸음 뚜벅뚜벅 걸어간다면 해가 비출 때를 만날 수 있을 것이라고 생각했다.

그리고 그 생각대로 연습과 훈련을 게을리 하지 않았다.

"19세가 인생의 황금기인 것 같아요.

이때를 놓치면 만회하기 힘들어지죠.

잘하는 사람들은 항상 나오게 되어 있고

1~2년 주춤하면 뒷사람들에게 추월당해

뒤떨어질 수밖에 없게 되죠."

차범근은 "탁 튀어 올랐다가 계속해서 치고 나가는 선수들이 있는 반면, 그냥 반짝하고 사라지는 별들도 많다"며 "더 밝게 오래 빛나려면 끊임없는 반복 훈련으로 완숙하게 만들어야 한다"고 조언한다.

실력은 그냥 가만히 있으면 날카로워질 수가 없다고 믿었고, 실력 향상을 위해 투자를 해야 한다고 생각했다. 그는 "뼈를 깎는 고통을 감내해서 더 정교한 실력을 만들어야 사랑을 받고 돈을 벌 수 있다"는 믿음으로 실력을 연마했다.

차범근의 세 번째 성공 비밀은 국내가 아니라 해외로 나가 경쟁했다는 점이다. 국제축구연맹FIFA은 그를 아시아 축구의 개척자로 평가했다.

또한 "차범근보다 축구에 더 큰 영향을 남긴 아시아선수는 거의 없다"며 "아시아 대륙에서 가장 위대한 선수로 널리 여겨지는 차범근은 유럽에 영향을 준 첫 아시아선수 중 하나"라고 표현했다.

"분데스리가에 가보니까

정말 뛰어난 선수들이 많았습니다."

유럽의 뛰어난 선수들은 차범근을 더욱 강하게 만들어줬다. 스스로 부족하다는 생각으로 자신의 실력을 완성시키는 데 주력했다.

그는 "스무 살부터는 삶에 대한 자세가 달라져야 한다"며 "어떤 일을 자신의 직업으로 택하겠다고 결심했으면 무언가 자기만이 할 수 있는 무기가 있어야 하고 그것을 다른 이들에게 인정받아야 한다"고 강조한다.

〈차범근 영웅의 두드림〉

대한민국 최고 축구선수를 꿈꿨다. 가난했지만, 축구를 해서 성공할 수 있다고 믿었다. 그 결과 한국인 첫 해외 진출, 아시아인 최초로 최다득점 선수가 됐다. 차범근은 최고의 선수가 되기 위해 "노력이 내일을 열어준다"고 믿었다. 피나는 노력은 그를 가장 위대한 축구의 전설로 만들어줬다.

경제영웅
임지훈

대학생이 뽑은 최고 CEO

임지훈은 35세의 젊은 나이에 거대기업 카카오의 대표이사가 됐다. 23세에 카이스트 산업공학과를 졸업하고 직장생활을 시작한 지 12년 만에 CEO의 자리에 오른 것이다. 또한 2017년 대학생이 생각하는 최고의 CEO로 뽑혔다. 그는 우리 경제를 이끄는 주역이 됐고 대학생들이 따르고 싶은 롤모델이 됐다.

창업자도 아닌 월급쟁이가 어떻게 젊은 나이에 카카오 대표이사가 될 수 있었을까?

　그의 두드림은 '엣지 있는 사람'이 되는 것이었다. 평범한 사람이 아니라 남다른 사람이 되고 싶었다.

　"엣지 있는 사람이 오래가잖아요.

　　일이든지 사람이든지,

　　엣지가 경쟁력을 만들어줘요."

　임지훈은 스스로 엣지를 추구했다. 나만의 엣지가 있어야 경쟁에서 살아남고 눈길을 끌고 주목을 받게 된다고 믿었다.

　임지훈은 어린 시절부터 공부를 잘했다. 어려서부터 책 읽기를 좋아했고 새로운 것을 배우는 일을 즐겨했다. 머리 좋은 사람만 간다는 카이스트에 입학을 했고 스스로를 아주 똑똑한 사람으로 생각했다.

> "대학을 졸업했을 때
> 저는 천상천하 유아독존이었어요.
> 심하게 얘기하면 주변을 둘러봤는데,
> 제가 제일 똑똑했어요."

하지만 임지훈은 얼마 안 돼 성공은 똑똑함으로 하는 것이 아니라는 사실을 알게 됐다. 그는 "사회생활을 하면서 똑똑함이 중요한 게 아니라 상대방, 즉 사람을 이해하는 게 더 중요하다"고 이야기했다. 어떤 일을 하든지 똑똑한 사람이 모여 회의를 여러 번 하면 답은 어느 정도 나오게 돼 있는데 이때 중요한 것은 "아 우리 이렇게 해야지, 이건 내 일이지"라며 조직을 끌고갈 수 있는 리더십이라는 것이다.

> "리더십이 있을 때
> 똑똑함도 있고, 리더도 될 수 있어요."

그는 "리더십이란 인간에 대한 이해가 있어야 나오게 된다"며 "'한 사람의 강점과 맡긴 업무가 맞는 것일까'를 고민하며 사람을 이해하려고 해야 더 빛나는 성과를 만들어낼 수 있다"고 강조한다.

이처럼 CEO 임지훈은 사람, 직원을 이해하기 위해 누구보다 노력한다.

"항상 상대 입장에서 생각합니다.

조별과제, 팀플을 하는데

쟨 왜 저럴까 이유가 있을까

내가 쟤라면 어떤 선택을 할까,

내가 지금 얘한테 세게 한번 소리 지르면 무슨 상황이 되고

안 지르면 무슨 상황이 될까,

이런 것 하나하나가 결국 살아가는 것 아닐까요."

임지훈은 세계에서 가장 훌륭한 결론을 낼 필요는 없다고 믿는다. 최선의 결론을 가지고 여러 사람이 보완을 통해 완성하면 최고가 된다는 소신을 갖고 있다. 이 때문에 사람에 대한 믿음이 강하다. 그는 32세에 창업한 케이큐브벤처스 대표 시절 가상화폐 거래소 '업비트'를 운영하

는 두나무에 2억 원을 투자한 적이 있다.

그리고 이 투자가 대박을 터트리며 현재 재산이 수천억 원으로 불어났다. 그의 결정은 단순했다. 두나무의 창업주 송치형 대표와 함께 하고 싶었고 그를 믿었던 결과물이라고 평가했다. 그만큼 사람에 대한 이해도가 높다.

그는 "스타트업 시장은 창업자가 주인공이고 그들을 믿고 기다려야 한다는 투자 철학을 가져야한다"고 말한다.

남과 다른 길을 걸으려는 두드림

경제영웅 임지훈의 첫 번째 성공 비밀은 남과 다른 길을 가려고 했다는 점이다. 그의 경력은 좀 특이하다. 스스로의 역량을 키우기 위해 산업기능요원으로 군 문제를 해결했다. 이후 선택한 길이 벤처투자회사였다. 당시 카이스트 졸업생이 벤처투자회사를 가는 것은 쉬운 일이 아니었다. 매우 이례적인 일이었다. 왜냐하면 낯선 분야였고 금융권 대부업처럼 여겨졌기 때문이다.

"벤처캐피탈(VC)에 간다고 하니까

사람들이 '너 미쳤구나' 했어요."

실리콘밸리에서는 VC가 멋진 직업으로 각광받고 있었지만, 당시 한국에서는 별 볼일 없는 직업으로 간주되고 있었기 때문이다. 하지만 그는 벤처캐피탈 직원이 됐다. 그리고 투자를 결정해야 할 상황이 발생했다.

"사람들은 인터넷은 절대 투자하지 말라고 했죠.

대한민국이 잘 하는 하드웨어에 투자해야 한다는 의견이 강했죠.

하지만 제 생각인 인터넷에 투자하는 게 맞다고 생각했어요."

임지훈은 자신의 소신대로 남과 다른 결정을 했다. 그 결과 운 좋게 대박이 났고 바로 유명해지기 시작했다. 이 같은 성공신화를 만들어냈기 때문에 VC는 지금은 누구나 하고 싶어 하는 직업이 됐다. 임지훈은 이 경험을 살려 32세에 케이큐브벤처스라고 하는 벤처캐피탈을 창업해 대표이사가 됐다.

임지훈의 두 번째 성공 비밀은 한길 인생이다. 그는 회사에 입사하면서부터 의미 있는 분야에서 쭉 한길을 가겠다고 마음먹었다. 그냥 적당히 하거나, 여기저기 갈아타면서 뭔가 빨리 하려고 하는 것을 경계했다.

"사람이 내공을 쌓으려면
한 분야에서 5년, 10년 묵묵히 실력을
쌓아야 한다고 생각해요.
그럼 분명히 빛나는 순간이 옵니다."

임지훈은 벤처 쪽에서 실력으로 승부를 걸고 싶은 욕구가 강했다. 그래서 잘할 수 있는 분야를 선택해 벤처캐피탈을 창업했고 그 일을 계속하기로 마음먹었다.

그러던 어느 날 카카오의 창업자인 김범수 카카오이사회 의장의 부름을 받았다. 카카오의 대표이사를 맡아달라는 설득이었다. 그가 외길을 걸으며 쌓아온 실력을 또 다른 실력자가 알아준 것이다. 이렇게 해서 그는 자신의 운명을 바꿨다.

임지훈의 세 번째 성공 비밀은 자신이 틀렸을 때 곧바로 인정하는 것이다.

"카카오의 많은 혁신은

충돌로부터 생겨요.

그런데 중요한 것은

제 의견이 틀렸다는 것을 알았을 때

바로 인정하는 것입니다."

사람은 틀릴 수 있기 때문에 틀리는 걸 뒤집을 수 있음을 아는 게 중요하다고 강조한다. 그는 본인이 사장이지만, 자신의 생각이 바뀌거나 잘못되었다는 생각이 들 때는 주저하지 않고 "제 생각이 틀린 것 같아요"라고 말한다.

자신의 권위에 마이너스 될까 봐 잘못을 인정하지 않는 건 조직 전체에 악영향을 준다고 믿는다. 그래서 "주말에 생각해봤는데 지난주 제가 얘기한 게 좀 잘못된 것 같아요" 라고 솔직하게 자주 말한다.

〈임지훈 영웅의 두드림〉

Do Dream

남다른 사람이 되는 게 꿈이었다. 그래서 남이 가지 않는 창업의 길에 들어섰다. 남이 하지 않는 벤처캐피탈을 창업했다. 업계에 뛰어난 실력자로 소문이 나자 카카오에서 대표이사로 불렸다. 그렇게 그는 대학 졸업 후 12년 만에 CEO가 되어 대학생이 가장 닮고 싶은 CEO가 됐다.

경제영웅
방준혁

모바일 게임의 개척자

방준혁은 PC 게임에서 모바일 게임으로 게임시장의 대세를 전환시킨 모바일 게임의 개척자다. 현재 넷마블게임즈 이사회 의장으로, 2017년 주식시장 상장 후 한국 10대 억만장자로 등극했다. 그는 어린 시절 서울 가리봉동에서 지독한 가난 속에 자랐다. 말 그대로 '흙수저'였던 것이다.

"나는 진품 흙수저 입니다.

성인이 될 때까지 한 번도 내 집에서 살아본 적이 없었고

사진 출처 : 넷마블게임즈

학원비가 없어 신문배달을 하며 학원을 다녔습니다."

집안 살림살이에 도움을 주려고 고등학교 때 장사를 하다 사기를 당해 사업 밑천을 모두 날리기도 했다. 생활이 어려워 고등학교 2학년 때 중퇴한 그는 중소기업에 취직해 일해야 했다. 이 같은 환경은 그를 강하게 만들었다. 가난 탈출을 꿈꾸게 만들었고 공부보다 사업에 더 큰 눈을 뜨게 만들어줬다.

"멋진 CEO가 되는 거야.

혁신을 선도하는 사람이 돼야지.

가난에서 탈출해야지."

30세 청년 방준혁은 1998년 인터넷영화 사업으로 CEO가 되는 실행의 두드림에 나섰다. 하지만 쉽지 않았다. 쫄딱 망한 것이다. 그러나 포기하지 않고 제2의 실행의 두드림을 시작했다. 1999년 위성인터넷 사업을 시작했다. 그러나 셋톱박스 등 인프라 구축에 드는 비용을 감당하지 못하고 또다시 좌절해야 했다.

그러던 어느 날 게임기업 아이팝소프트가 위기에 처했다는 소식을 우연히 들었다. 방준혁은 투자자를 찾아 위기를 넘도록 도와줬다. 이 일을 계기로 방준혁은 아이팝소프트의 사외이사가 됐고 게임업계에 발을 들여놓게 되었다. 이 일이 그의 운명을 바꿔놓았다. 32세의 방준혁은 아이팝소프트가 또 한 번 위기에 처하자 2000년 회사를 인수해 자본금 1억 원, 직원 8명으로 온라인 게임회사 넷마블을 출범시켰다.

당시 PC 게임이 인기를 끌기 시작하던 때였다. 그는 시장진출 2년 만에 PC 온라인 게임 시장에 한국 최초로 부분 유료화 모델을 도입해 업계의 주목을 받았다. 당시에는 월정액 요금밖에 없었고, 이는 말 그대로 대성공이었다.

방준혁은 넷마블을 더 키우기로 했다. 상장사 플래너스엔터테인먼트의 자회사로 넷마블을 편입시켜 회사 이름을 플래너스로 바꿨다.

이어 2003년 5월, 거꾸로 자회사 플래너스를 통해 모회사인 플래너스엔터테인먼트 지분을 모두 흡수했다. 이 결정으로 넷마블은 플래너스엔터테인먼트가 보유하고 있던 콘텐츠 기획과 생산, 마케팅 등에 대한 노하우를 고스란히 흡수할 수 있었다. 한마디로 새우가 고래를 삼킨 것이었다. 회사의 성장 가능성을 본 CJ그룹은 800억 원에 플래너스의 매각을 제안했다.

"그래 큰 기업과 손을 잡는 거야.
그래야 더 배우고 역량을 키울 수 있지 않겠어."

방준혁은 800억 원에 보유 지분 중 18.7%를 팔았고 대표이사 경영권을 3년간 보장받았다. 이렇게 해서 방준혁이 창업한 플래너스는 창업 4년 만에 CJ그룹의 핵심계열사인 CJ인터넷이 됐다. 그는 창업한지 얼마 안 돼 100억 대 부자반열에 오르는 놀라운 결과를 만들었다. 동시에 청년 부자의 꿈도 이뤄냈다.

하지만 2006년 건강이 나빠져 모든 것을 접고 회사를 떠났다. 그가 자리를 비운 사이 회사는 몰락의 길을 걸었다. 그러자 2011년 CJ는 방준혁을 CJ E&M의 총괄상임고문으로 불러들였다. 복귀 직후 그의 두 드림은 원대했다.

"2016년 연매출 1조 원을 찍는
글로벌 기업으로 도약시키겠습니다."

당시 넷마블 매출은 2,100억 원으로 연매출 1조 원은 거의 불가능한 목표였다. 비관적인 목소리가 쏟아졌다. 방준혁은 사재 400억 원을 투자해 개발 지주회사 CJ게임즈를 설립하고 모바일 게임으로 사업모델을 전환시켰다. 모바일 게임의 미래를 보고 PC 온라인 게임에서 모바일 게임으로 사업 패러다임을 바꾼 것이다.

이후 2013년 '마구마구', '모두의 마블', '몬스터 길들이기'가 모두 최고 매출 1위를 기록하며 대박행진을 이어갔고 1년 만에 2천억 대 매출이 4,968억 원으로 급등했다. 동시에 일본, 중국, 미국 등 글로벌 시장으로 진출했다. 중국 최대 인터넷업체 텐센트는 CJ게임즈에 5,300억 원을 투자하기도 했다. 그리고 방준혁은 회사 이름을 다시 넷마블게임즈로 바꿨다.

그는 예전 자신의 약속보다 1년 앞당겨 2015년 매출 1조 729억 원을 달성하며 국내 게임사로는 넥슨에 이어 두 번째로 1조 클럽에 가입시켰다. 또한 2017년 5월 회사를 상장시켰고, 이는 시가총액 10조 원을 넘어서며 단번에 기존 게임대장주였던 엔씨소프트를 제치고 게임업계 시총 1위 기업으로 올라섰다.

게임업계 관계자는 "넷마블은 다른 대형게임사들이 PC 온라인 게임 시장에서의 승리를 자축하고 있을 때, 가장 먼저 모바일 게임 시장에 도전장을 내밀어 지금의 자리에 오른 게임사"라고 밝혔다.

승부사적 기질로 완성한 두드림

방준혁은 매 고비마다 결단을 내리고 확신을 밀어붙이는 승부사적 기질을 보였다. 트렌드를 잘 포착해 사업의 타이밍을 잡아내는 탁월한 재능을 가지고 있다.

그의 첫 번째 성공 비밀은 1등을 향한 도전이다. 방준혁은 "나도 할 수 있다"는 캔두 정신이 누구보다 강했다. 창업 당시 비슷한 회사가 이미 수십 개에 달했다. 게다가 한게임, 엠게임 등이 시장의 90% 이상을 차지하고 있었다. 하지만 그는 1등 게임회사를 만들 수 있다고 확신했다.

"나라고 못하겠어? 한 번 해보는 거야.

　죽기 아니면, 까무러치기 아니겠어."

　방준혁의 각오는 남달랐다. 결국 게임시장을 선도하는 혜안을 발휘해 회사 창업 3년 만에 업계 1위를 탈환했다. 업계 1위를 만든 두 번째 성공 비밀은 파격적인 생각에 있다.

　방준혁은 지금은 보편화된 퍼블리싱(유통)이라는 비즈니스 모델을 국내 게임업계에 처음으로 도입했다. 퍼블리싱은 다른 개발사가 만든 게임을 전문적으로 유통 및 서비스하는 것을 의미한다.

　당시엔 게임 회사들이 자사 제품만 유통시켰기 때문에 이는 상식을 뛰어넘는 파격적인 모델이었다.

"좋은 게임만을 선별해 시장에 유통시키면서

　성공신화를 만들어갔죠."

　그의 생각은 적중했다. 시장과 고객이 좋아하고 원하는 게임만을 골라 넷마블 게임 포털의 가입자 수를 획기적으로 늘려갔다. 그런데 고객이 주로 청소년이라 결제수단이 마땅치 않았다.

방준혁은 또다시 파격적인 생각을 꺼냈다. 문화상품권 결제라는 생소한 결제수단을 처음으로 선보인 것이다.

방준혁 세 번째 성공 비밀은 큰물에서 노는 선택을 했다는 것이다. 게임 1등 회사를 만든 방준혁은 더 큰 두드림을 생각했다. 회사를 대기업 CJ에 매각하고 회사 이름을 CJ게임즈로 바꾼 것이다.

"오래가는 기업을 만들고 싶었습니다.

직원들의 위상도 높이고 싶었습니다.

특히 글로벌로 나아가고 싶었고

더 큰 기업에서 더 많은 것을 배우고 싶었습니다."

또한 잘 나가는 회사를 만들기 위해 스펙보다 열정과 능력 있는 사람에게 성공의 기회를 준다. 직원을 뽑을 때 학력이나 배경, 지연 등을 전혀 보지 않으며, 국내 1, 2위보다는 세계시장에서 경쟁력을 갖춘 글로벌 기업을 지향한다.

경제영웅 방준혁은 청년들에게 다음과 같이 말한다.

"안정된 연봉과 백그라운드를 원하면 대기업으로 가고

사생활을 원하면 공무원을 해라.

세상은 일에 젊음을 바칠 자세가 돼 있는 사람을 원한다."

〈방준혁 영웅의 두드림〉
Do Dream

말 그대로 '흙수저'였다. 학원비가 없어 신문배달을 하며 공부를 했다. 돈을 많이 버는 부자가 되는 게 꿈이었다. 창업을 했지만, 실패했다. 하지만 다시 일어섰다. 운명의 컴퓨터 게임 사업을 하며 업계의 판도를 바꿔놓았다. 이후 건강을 잃고 스티브 잡스처럼 회사를 떠났다가 다시 복귀해 모바일 게임 신화를 만들었다.

문화예술영웅
하정우

믿고 보는 천만 배우

문화예술영웅 하정우는 국민 누구나 '믿고 보는 천만 배우'다. 직업도 배우, 영화감독, 각본가, 영화 제작자에서 화가, 가수에 이르기까지 말 그대로 다재다능하다. 〈신과 함께: 죄와 벌〉에서 저승 차사의 리더이자 변호사 강림 역을 맡아 국민적 사랑을 한 몸에 받았다. 아버지가 중견 배우 김용건이지만, 그는 아버지 후광과는 관계없이 스스로의 능력으로 스타 배우의 자리를 굳혔다.

그는 아버지의 영향으로 어린 시절부터 배우가 되고자 하는 두드림을 꿈꿨다. 먼저 일반학과를 전공해 스펙을 갖춘 뒤 나중에 탤런트 공채시험으로 보기로 목표를 설정했다.

하지만 현실은 쉽지 않았다. 대학입시에 낙방한 것이다. 하정우는 생각을 바꿔 어머니의 권유대로 연극영화과 재수를 준비했다. 연기 입시 학원에 등록하고 일부 배우들의 연기 트레이닝모습을 보며 자연스럽게 배우의 꿈을 위한 실행의 두드림을 시작했다. 그리고 중앙대학교 연극영화과에 97학번으로 입학했다.

"배우로 성공하려면

연기력이 있어야 해."

20세 대학생 하정우는 현역에 입대해 10여 편의 국군 홍보영화를 찍으며 실력을 키웠다. 배스킨라빈스 TV광고를 찍으며 CF에 출연하기 시작했다. 제대 후에는 〈카르멘〉, 〈오델로〉 등 다양한 연극에 출연하며 연기실력을 쌓았다.

노력하는 사람에게 기회는 오는 법이었다. 27세 때이던 2005년, 독립 영화 〈용서받지 못한 자〉에서 말년 병장 태정 역을 맡아 처음으로 주연을 하게 됐다. 영화는 윤종빈 감독의 중앙대학교 영화학과 졸업 작품으로, 군대로 대변되는 우리 사회의 집단적 폭력과 모순을 그린 수작이라는 평을 받으며 큰 주목을 받았다. 그리고 제59회 칸 국제영화제 '주목할 만한 시선'부문에 초청되어 처음으로 칸 레드카펫을 밟았다. 이후 연예 매니지먼트사 iHQ와 계약을 체결하고, 이때부터 본명 김성훈 대신 하정우라는 예명을 쓰기 시작했다.

"아버지에게 남다른 재능을 물려받아

 5세 때부터 눈물연기를 혼자하며

 어린 시절을 비범하게 보낸 것 같아요."

그는 자신의 재능을 가장 잘 살리는 게 성공의 지름길이라고 믿고 있다. 그리고 이 재능을 살리기 위해 피나는 노력을 아끼지 않는다.

1997년 외환위기 때 어머니 사업이 망해 전 재산을 잃은 데 이어 부모님이 이혼하는 아픔이 있었다. 하지만 그는 흔들리지 않고 자신의 길에서 벗어나지 않기 위해 노력했다.

피나는 노력으로 만들어낸 두드림

문화예술영웅 하정우의 첫 번째 성공 비밀은 기본에 충실했다는 점
이다.

"배우의 생명은 연기력입니다.

그 연기력은 남이 만들어주지 않습니다.

작품을 철저히 이해하고

상상력으로 대본 속의 인물을 창조해내야 합니다."

하정우는 그만큼 배우의 기본기에 충실하기 위해 노력했다. "배우의
미래는 연기에 있다"는 믿음이 강했다. 따라서 대학시절 학교 성적은
뒤로하고 연기력을 쌓는 데만 온 열정을 쏟은 것이다.

"대학의 낭만을 누릴 시간이 없었죠.

학교 다니면서 대학로에서 연극을 하고,

외부 영화 스태프 지원을 나갔어요.

대학로 연극에 출연하기 위해

오디선도 치열하게 준비했어요."

하정우는 이때부터 이미 경쟁에 뛰어들었다. 그는 누구든지 해당 분야에서 기본이 튼튼하면 언젠가는 기회를 갖게 된다고 말한다. "기본을 중시하자, 새로운 작품을 만날 때마다 늘 한 뼘씩, 한 단계씩 성장해 가는 것을 느낄 수 있었다"고 강조한다. 기본기를 중시한 그의 철학은 가장 넓은 스펙트럼을 자랑하는 배역이 주어졌고 누구나 믿고 보는 배우라는 타이틀까지 안겨줬다.

하정우의 두 번째 성공 비밀은 연기철학이다. 그는 부지런하고 호기심이 많다. 갑자기 흥미로운 생각이 들면 발동이 걸려 어떤 일에 몰입한다. 그래서 감독이 좋고, 시나리오가 좋으면 무조건 영화를 찍는다. 하정우에게는 영화 100편을 찍어 '센추리 클럽'에 가입하고자 하는 자신만의 두드림이 있기 때문이다.

"피가 끓고 있는데 쉬어 갈 필요 없다고 생각해요.

영화 100편을 찍어 센추리 클럽에 가입할 때까지

계속 전진하고 싶습니다."

쉴 틈 없이 영화를 찍고 그림을 그리는 이유에 대해 "20대 초반부터 꿈꿨던 생활을 하는 것이다"고 말한다. 그리고 "1년에 영화 2편씩 해도 40년이 걸려야 100편을 채울 수 있는데, 그때가 되면 70대이기 때문"이라고 말한다.

하정우의 세 번째 성공 비밀은 타고난 재능을 살리는 능력에 있다. 그는 배우이지만 영화감독, 화가이기도 하다. 마음껏 끼를 발산하는 데 주저하지 않고 있다. 영화 〈롤러코스터〉, 〈허삼관〉을 연출했고 차기작도 준비 중이다.

또한 그는 재능을 살려 틈틈이 그림을 그린다.

"연기를 하면서 얻은 영감을 소재로 삼죠.
촬영을 마친 후 말할 수 없이 허탈감이 밀려들 때,
주체 못할 감정이 올라올 때도 붓을 잡아요."

하정우에게 그림은 삶의 자화상이라고 할 수 있다. 그가 그린 그림 속 인물들은 한결같이 무표정하다. 하지만 그 안에는 유머와 애환이 숨어 있다. 그는 대학 졸업을 앞두고 독학으로 그림을 배우며 그리기를 시작했다. 졸업을 앞두고 불안하고 막연했던 자신을 바로 잡아줄 친구가 필요했고 그림은 그런 정서를 안정시켜준 친한 벗이 됐다.

"나에게 물려받은 달란트가 쌀이라고 가정한다면

나에게 영화는 쌀로 밥을 짓는 것이고,

그림을 그리는 것은 그 남은 밥을 가지고 술을 만드는 것이죠."

참으로 근사한 표현이다. 하정우는 이 술을 만드는 작업을 통해 배우로서 채워지지 않는 자신을 찾아내고 있다. 영화로 만족되지 않는 부분, 그 갈증을 그림이 채워주는 것이다. 말 그대로 그림 속에서 자신의 안식을 찾고 있다.

〈하정우 영웅의 두드림〉

중견배우 김용건의 아들이지만, 스스로의 능력으로 스타 배우의 길에 올랐다. "배우의 미래는 연기에 있다"는 믿음으로 연기력을 쌓는 데 온 열정을 쏟았다. 그 결과 국민 누구나 '믿고 보는 천만 배우'가 됐다. 또한 배우로서의 정서적 안정을 찾기 위해 그림을 그려 수준급의 화가가 됐다.

문화예술영웅
워너원

K-POP 괴물신인

문화예술영웅 워너원Wanna One은 K-POP 괴물신인으로 불린다. 워너원의 성공신화는 꿈을 향한 열정과 두드림의 결정판이다. 대한민국의 11인조 보이 그룹이며, 엠넷의 서바이벌 프로그램 '프로듀스 101 시즌 2'에서 최종 순위 1위부터 11위를 기록한 강다니엘, 박지훈, 이대휘, 김재환, 옹성우, 박우진, 라이관린, 윤지성, 황민현, 배진영, 하성운으로 구성되어 있다.

그룹명은 '하나가 되길 원하다'라는 의미를 담고 있다. 2017년 8월 미니 앨범 '1X1=1(TO BE ONE)'을 발매하며 데뷔한 데 이어 같은 해 11월

13일 리패키지 앨범 '1-1=0(NOTHING WITHOUT YOU)'을 내놓으며 돌풍을 일으켰다.

데뷔하자마자 엠넷 아시안 뮤직 어워드와 멜론 뮤직 어워드, 아시아 아티스트 어워즈, 소리바다 베스트 케이뮤직 어워즈에서 신인상을 휩쓸었다. 멜론 뮤직 어워드에서는 Top 10, 엠넷 아시안 뮤직 어워드에서는 남자 그룹상까지 수상해 입지를 다졌다. 데뷔 앨범과 리패키지 앨범 판매량이 100만장을 넘어 2000년 이후 최초로 대한민국 아이돌 그룹 데뷔 앨범 밀리언셀러가 되었다. 데뷔 101일만의 일이었다. 지난 17년간 아무도 성공하지 못했던 '데뷔 앨범 밀리언셀러'를 기록한 워너원은 2017년 최고의 루키임을 스스로 입증해낸 것이다.

이들은 어떻게 놀라운 성공신화를 만들 수 있었을까? 그것은 개개인이 갖고 있는 두드림을 향한 '실력'에 있다. 11명의 연습생은 어린 시절부터 가수의 꿈을 두드렸다. 스스로 운명을 개척하기 위해 오디션 프로그램에 도전했다. 그리고 치열한 경쟁을 통해 워너원의 최종 멤버로 선발되었다. 경쟁을 즐기고 경쟁에서 승리하면 누구나 성공의 두드림을 이룰 수 있는 곳이 연예계의 생태계이고 삶의 현주소다.

22세 다니엘은 탁월한 춤 실력과 무대 장악력으로 11인조 그룹 워너원의 센터가 되었다. 다니엘은 최고의 춤꾼을 꿈꿨다. 청소년 시절부터 비보잉과 현대무용으로 자신을 단련시켰다. 파워풀하면서도 섬세한 춤 실력을 인정받기 위해 춤만 생각하며 학창시절을 보냈다.

19세 박지훈은 별명이 윙크요정이다. 7세 때부터 아역 배우를 하며 스타의 꿈을 두드렸다. 드라마, 영화, 광고, 뮤지컬 등 안 해본 것이 없다. 이 같은 경험은 연예인의 탄탄한 기본기를 만들어줬다. 방탄소년단을 보고 워너원과 같은 아이돌이 될 결심을 굳혔다.

17세의 이대휘는 '끼돌이'라는 별명을 가질 정도로 춤과 노래, 작곡에 이르기까지 남다른 능력을 갖고 있다. 전문가들은 "아이돌 아니면 뭐 하지'라는 생각이 들 만큼 끼도 있고, 모든 걸 다 가진 친구"라고 평가한다. 어린 시절 일본에서 살다 미국으로 가서 생활했고 다시 한국으로 돌아와 가수의 꿈을 이뤄냈다.

김재환은 유일하게 개인 연습생 출신이다. 혼자서 가수의 꿈을 키웠다. SBS '신의 목소리'에 출연해 우승하면서 가능성을 엿보았다. 이어 '프로듀스 101 시즌 2'에서 노래 실력을 인정받았다. 다른 이들처럼 회사에서 꾸준히 트레이닝을 받아 아이돌로 발탁된 인물이 아니다.

옹성우는 춤, 노래, 비주얼, 예능감, 연기력까지 모두 갖춘 만능 연예인의 자질을 갖고 있다는 평가를 받는다. 중학교 1학년 때 드럼 연주로 대회에서 대상을 받았고, 기획사에 캐스팅되어 스타의 꿈을 키웠다. 하지만 서두르지 않고 10년간 준비하고 때를 기다렸다.

박우진은 노력하는 아이돌이다. 오디션 전체 참가자 중 72위로 시작했다. 하지만 다른 도전자들을 분석하며 자신을 단련시켰다. 랩과 춤의 재능을 부각시켜 3주 만에 순위를 38위로 끌어올렸고 최종 6위로 워너원 멤버가 됐다.

대만 출신의 17세 라이관린은 미국과 중국에서 어린 시절을 보낸 외국인이다. 중학생 때는 학교 농구선수를 지냈고, 승마, 스케이팅, 수영 등 모두 다하는 만능 스포츠맨 자질을 갖고 있다. 한국말은 아무것도 몰랐지만, 아이돌을 꿈꾸며 15세 때 오디션을 보기 위해 한국으로 왔다. 그리고 그 꿈을 1년 만에 거머쥐었다.

윤지성은 워너원의 맏형으로 리더를 맡고 있다. 그의 성공은 7년 연습생이라는 오랜 기다림 끝에 이뤄졌다.

"지금 와서 생각해보니

포기하지 않고 멀리 내다보며

하루하루 최선을 다해 지냈던

그 하루들이 모여 꿈에 도착한 것 같아요."

윤지성은 "힘들어하는 자신을 위로할 수 있는 건 자신밖에 없다"며 "자신을 사랑하는 게 가장 좋은 힐링이자, 스트레스 해소법이었다"고 말한다.

황민현은 17세 때 5인조 보이그룹 뉴이스트로 데뷔했다. 그럼에도 다시 실력을 확인하기 위해 오디션에 참가해 워너원 멤버가 되면서 두 번째로 데뷔하게 됐다. 중학교 3학년 때 닭꼬치를 먹다가 길거리 캐스팅되어 연예인의 꿈을 키웠다.

배진영은 초등학교 2학년 때 전국 어린이 바둑대회에서 3등을 할 정도로 수준급의 바둑실력을 갖고 있다. 이후 그는 연습생을 거쳐 가수로 다시 태어났다. 작은 얼굴에 큼지막한 눈, 오밀조밀 작은 코와 입 때문에 '아이돌 상'이라는 평가를 받는다.

하성운은 매사에 매우 적극적이다. 대학 공연 도중 캐스팅되어 20세 때 핫샷으로 데뷔했다. 운동을 좋아해 운동선수를 희망하다가 힘들어서 포기하고 재능을 살려 가수를 꿈꾸게 됐다. 대학교도 K-POP 학과에 진학했다. 그는 귀를 사로잡는 매력적인 음색, 탄탄한 발성과 시원시원한 가창력을 가졌다.

이처럼 워너원 멤버들은 한결같이 청소년기에 가질 수 있는 연예 스타의 꿈을 꾸었고 일찍 그 방법을 찾아내 성공의 길로 들어섰다.

스토리의 주인공으로 만들어낸 두드림

문화예술영웅 워너원의 첫 번째 성공 비밀은 아주 일찍 스스로의 재능을 발견하고 두드림을 일찍 시작했다는 점이다.

이들은 나이대가 17~27세로 어린 시절부터 춤과 노래, 작곡 등 스타가 되는 데 필요한 자질을 일찍 찾아내 그 재능을 발전시켰다. 하성운은 고등학교 1학년 때 JYP엔터테인먼트 오디션에 참가했다. 스스로 꿈을 찾아 그 길에 뛰어든 것이다.

황민현은 중학교 3학년 때 길거리 캐스팅되어 가수의 역량을 키웠다. 옹성우는 초등학생 시절부터 드럼을 좋아해 드럼으로 꿈을 키웠고 중학교 1학년 때 가수 전문 기획사에 캐스팅되면서 실력을 본격적으로 쌓았다. 박지훈은 7세 때부터 아역 배우를 하며 연예 스타를 꿈꿨다.

워너원의 두 번째 성공 비밀은 최고를 꿈꾸며 피나는 훈련을 했다는 점이다. 대부분 전문 연예기획사의 도움을 받아 피나는 연습생의 과정을 거쳤다.

"고속도로로 가면 분명히 빨리 갈 수 있겠지만,
국도로 돌아간다고 잘못하는 건 아닌 것 같아요.

내 목표는 목적지에 도착하는 거지,

빨리 도착하는 게 아니니까."

윤지성은 이 같은 생각으로 울퉁불퉁한 길을 갈 때면 흔들림을 느끼고 경치를 보게 되어 좋다고 생각했다. 꿈을 향해 한 걸음 한 걸음 나아가는 게 더욱 중요하다는 것이다.

이대휘는 13세 때 미국 JYP글로벌 오디션에 참여해 가능성을 검증받았다.

"많은 사람에게 사랑받고 싶고

인정받고 싶었습니다.

그래서 죽을 각오로 열심히 연습했고

실력을 쌓으려고 노력했어요."

옹성우는 "실력이란 스스로 만드는 것"이라며 "연습실에서 연습을 하면서 그리고 잠에 들면서 언젠간 꿈에 닿을 수 있다는 믿음을 멈추지 않았다"고 말한다.

워너원의 세 번째 성공 비밀은 오디션에 적극적으로 참여해 스스로를 스토리의 주인공으로 만들었다는 점이다.

워너원 멤버 11명은 연예 스타를 꿈꾸며 꿈을 두드리고 또 두드렸다. 연습을 할 때나 잠을 잘 때나 이들의 머릿속에는 '스타가 되는 꿈' 뿐이었다.

혹독한 훈련과 연습을 견뎌내야 했고 잠과의 싸움까지 이겨내야 했다. 사람들은 경쟁에서 이긴 워너원 한 사람, 한 사람의 장점과 걸어온 길을 환호했다. 모두가 각자 최선을 다해 성공 스토리를 만들어냈기 때문이다.

"피곤한 거랑 안 행복한 거랑은

아예 다른 일이라고 생각해요.

전 이 일이 천성인가 봐요.

바쁘면 오히려 살아 있다고 느낄 때가 많아서요.

스타가 되고 싶었던 연습생의 꿈이

이제 현실이 됐습니다.

감사합니다.

하나된 모습으로 초심 잃지 않을 게요."

윤지성은 "연습생 때부터 꿈꿔왔던 스타의 꿈이 실력을 쌓았더니 이뤄졌다"며 "신인의 초심을 잃지 않는 가수가 되겠다"고 말한다.

〈워너원 영웅의 두드림〉

스타 가수의 꿈을 꾸며 연습생 생활에 매진했다. 어린 시절부터 가수의 꿈을 두드렸고, 11명의 랭킹에 들기 위해 피나는 노력을 기울였다. '실력'과 '끼'만이 성공을 만들어준다고 믿고 자나 깨나 연습에 매진했다. 그렇게 워너원으로 똘똘 뭉친 멤버들은 놀라운 실력으로 '괴물신인'이 됐다.

문화예술영웅
이유리

연기변신 국민 사이다녀

문화예술영웅 이유리는 21세 때 청소년 드라마 〈학교 4〉에서 반항적인 기질이 충만한 여고생 역으로 데뷔했다.

그리고 34세 때 〈왔다! 장보리〉에서 배우 인생에서 빼놓을 수 없는 희대의 악녀 역할로 '국민 악녀'라는 애칭을 얻었다. 당시 독한 눈빛은 물론, 독한 대사를 소화하는 연기로 호평을 이끌어내며 시청률을 끌어올리는 데 기여했다.

그랬던 이유리는 완벽하게 이미지를 바꿨다. 2016년 드라마 〈천상의 약속〉에 이어 2017년에 출연한 가족 드라마 〈아버지가 이상해〉에서는 로펌 변호사인 변혜영 역을 맡아 사이다 같은 존재로 연기변신을 하며 '국민 사이다녀'라는 애칭까지 얻었다.

　데뷔 후 주목받는 주연 배우가 되기까지 15년이 걸렸다. 그의 두드림 은 무엇일까?

> **"금방 떴다가 사라지는**
> **스타가 되기보다는**
> **오랫동안 시청자들의 옆에 남아있는**
> **연기자가 되고 싶어요."**

　이유리는 사랑받는 배우가 되기 위해 '걸 크러시Girl crush'의 매력을 찾아냈다. 걸 크러시란, 여성이 여성에게 환호하고 적극적으로 지지하 는 마음이나 그러한 현상을 뜻하는 말이다. 여성이 여성에게 존경, 찬 양, 우상의 마음을 보이는 것을 말한다.

　독실한 기독교인 그는 28세 때 같은 교회 목사와 결혼했다. 집안 살 림과 연기활동을 어느 것 하나 게을리 하지 않는, 말 그대로 '워커홀릭' 이다. 신혼여행도 바빠서 결혼 1년 만에 지각 여행을 떠났다. 중단 없 는 연기생활이 그의 꿈이기 때문이다.

"저에게 꿈 하나만 얘기하라고 하면

다양한 캐릭터를 연기하는 겁니다.

착한 캐릭터, 악녀는 물론 코믹 연기,

사극에 이르기까지 전 장르를 해보고 싶어요."

그는 그만큼 욕심이 많다. '연기자 이유리'로 하고 싶은 일이 많다.

"우리 직업이 참 재밌어요.

A4용지 수십 장의 대사를 암기하는 것은

정말 쉽지 않은 일이거든요.

그런데, 연기로 표현했을 때

큰 쾌감을 느낄 수 있습니다."

이유리는 "아, 이래서 연기를 하는 구나"라는 걸 느낄 때마다 행복함
을 느낀다고 말한다. 자신이 느낀 감정을 그대로 시청자에게 전달하고
이것을 시청자가 공감할 때 연기의 매력을 느낀다는 것이다.

연기변신 노력이 만들어낸 두드림

　문화예술영웅 이유리의 첫 번째 성공 비밀은 연기 변신이 가능할 정도의 수준을 갖춘 연기자가 되고자 노력했던 데 있다.

　SBS 주말드라마 〈사랑과 야망〉 속 막내딸 연기를 할 때 김수현 작가의 질책이 데뷔 5년차인 그녀를 바꿔놓았다.

"김수현 작가 선생님께 참 많이 혼났어요.

　제 캐릭터가 극을 끄는 중요한 역할인데

　연기가 잘 안된다며 걱정을 많이 하시더라고요."

　그때 정신이 번쩍 들었다. 이날 이후 연기자다운 연기자가 되기로 마음먹고 캐릭터를 철저히 연구하는 데 주력했다.

"연기자가 연기력이 없다는 말을 듣고

　어떻게 성공할 수 있을까.

　어떻게 시청자를 행복하게 할 수 있을까."

이러한 생각은 이유리를 많이 성장시켜줬다. 20대부터 60대까지 폭넓은 연기를 할 수 있는, 자기표현에 능숙한 배우가 되기 위해 배역을 맡을 때마다 새로운 변신을 하는 주인공이 되어야겠다고 마음먹었다.

이유리의 두 번째 성공 비밀은 최고의 꿈을 끊임없이 두드렸다는 점이다.

그는 새로운 배역을 맡을 때마다 연기대상의 꿈을 꿨다. 이는 연기자가 1년에 한 번 받는 최고의 영예이기 때문에 후보가 되는 것만으로도 큰 영광이다. 그런데 실제로 그는 2014년 악녀 역할로 MBC 연기대상 시상식에서 대상을 받은 데 이어 방송3사 드라마PD가 뽑은 '올해의 연기자상'을 수상하는 영광을 안았다.

"대상을 받으며

'악역도 이렇게 사랑받는 자리가 될 수 있구나,

연기자는 연기로 평가받는 구나'라고 생각했어요."

그는 주연이 아니라는 조연의 한계를 뛰어넘어 대상을 받는 연기자가 됐다.

이유리의 세 번째 성공 비밀은 대기만성형의 성실한 배우라는 점이다.

배우로서 자질을 잘 갖추면 언젠가는 스타가 될 것이라 믿었다. 탤런트 데뷔 이후 스타로 주목받기까지 15년의 세월이 걸렸다. 〈왔다 장보리〉에 출연하기 전까지 무려 100번 넘게 오디션을 보며 캐스팅이 되기를 간절히 기도해야 했다. 차근차근 노력하며 성실한 배우로 최선을 다하자, 결국 기회가 찾아왔고 최고 스타가 될 수 있었다. 이는 크리스천 탤런트로서 누구보다 삶에 모범이 되어야 한다는 강한 믿음을 갖고 있었기 때문이다. 여전히 녹화 현장에는 가장 먼저 도착해 기다리고, 최선을 다해 NG 없이 연기하기 위해 노력한다.

〈이유리 영웅의 두드림〉

Do Dream

뛰어난 연기변신으로 '국민 악녀'에서 자신의 이미지를 '국민 사이다녀'로 바꿨다. 데뷔 후 주목받지 못하는 배우였지만, 15년간의 기다림과 노력 끝에 주목받는 주연 배우가 됐다. 여기에는 이유리의 성실함이 녹아 있다. 대본 읽기에 최선을 다하고 녹화 현장에 가장 먼저 도착해 연기 연습을 한다.

문화예술영웅
이하늬

여성들의 워너비 스타

문화예술영웅 이하늬는 말 그대로 다재다능한 재주를 타고 났다. 서울대학교에서 가야금을 전공했고 23세 때 미스코리아 선발대회에 출전해 대한민국을 대표하는 미스코리아 진에 뽑혔다. 또한 2007년 5월 29일 멕시코에서 열린 미스 유니버스 대회에서 4위에 올랐다. 그만큼 이하늬는 자신의 아름다움에 대해 자신 있으며 당당함을 갖고 있다. '미스 그랜드슬램 2007'에서는 세계 1위 미인으로 선정됐다.

그는 어릴 때부터 스타의 꿈을 두드렸다. 평범하게 살지 않겠다고 마음먹었다. 그리고 그 꿈을 미스코리아에 출전해 한순간에 이뤄냈다.

이하늬는 유난히 남들에게 보이는 자신의 모습에 대해 관심이 많았다. 이를 위해 자신의 좋은 모습을 찾기 위해 노력했다. 공부를 열심히 했고 소질을 찾아 재능을 키웠다. 4세 때부터 가야금을 잡은 그는 국립국악고에서 국악을 전공하면서 자신의 끼를 키워왔다. 장난감보다 가야금을 더 많이 갖고 놀 정도였다. 장구와 판소리 분야도 수준급의 실력을 갖췄다. 모친 문재숙 씨는 가야금산조 및 병창을 보유한 중요무형문화재 23호로 이하늬에게 많은 영향을 줬다.

"좋은 사람이 되지 않고
좋은 배우가 되기는 힘든 것 같아요.
배우는 삶의 일부를 나누는 사람인만큼
좋은 파장을 만들어내는 사람이 돼야 한다고 생각해요."

이 때문에 사람들은 이하늬를 배려심이 많은 배우로 평가한다. 온 힘을 다해 긍정에너지를 만들어내기 위해 노력하기 때문이다.

"긍정적으로 살려고 합니다.
원래 긍정적인 사람이 아니라서 일부러 더 노력하죠.

내 안에는 분노도, 우울도, 열등도 크게 있어요.

그것을 어떻게 긍정적으로 전환시키느냐가

내 삶의 화두랍니다."

이 같은 긍정적인 생각 때문에 이하늬는 항상 밝게 웃는다. 끊임없이 새로운 일에 도전할 정도로 부지런하다. 연기와 국악뿐만 아니라 영화 더빙, 뷰티 프로그램, 요리 프로그램 등 장르를 마다하지 않고 무슨 일이든지 목숨 걸고 한다. 국악 박사과정에도 입학해 학업의 꿈을 이어가고 있다.

필라테스는 취미를 넘어 아예 지도자 자격증에 도전하고 있다. 어릴 때부터 가야금을 연주해온 그녀는 오른손으로 줄을 뜯고 왼손으로 팽팽한 현을 누르는 가야금 연주법 탓에 왼쪽 손가락은 중지와 약지가 겹쳐질 정도로 휘었고, 한쪽으로 몸을 기울여 장시간 연주하다보니 목과 척추가 틀어져있다. 심할 때는 마비증상에도 시달린다. 그가 필라테스를 배우는 것은 자신의 건강을 찾는 것뿐만이 아니라 주변 사람들의 고통을 덜어주기 위한 것이다.

연기력으로 편견을 깬 두드림

문화예술영웅 이하늬의 첫 번째 성공 비밀은 "미스코리아가 뭘 할 줄 알겠어"라는 편견을 깼다는 점이다.

"미스코리아로 데뷔했기에

편견이 정말 강했어요.

'네가 뭘 할 줄 알겠니'부터 시작해

좋은 데 시집이나 가라는 얘기를 듣고

많이 울기도 했어요."

이하늬는 이런 말을 들을수록 자신을 단단하게 단련시켰다. 마음이 아팠지만, 자신을 성장시켜주는 약이 되도록 연기에 더욱 집중했다. 주어진 배역을 완벽하게 소화하기 위해 모든 걸 거는 마음으로 최선을 다했다. 심지어 연기에 대한 고민 때문에 뉴욕의 한 극단으로 남몰래 연수를 다녀오기도 했다. 그러자 조금씩 진가를 인정받을 수 있었다.

이하늬의 두 번째 성공 비밀은 성공을 꿈꾸며 오랜 시간 내공을 쌓았다는 점이다.

그는 가야금을 전공한 국악 재원이다. 어머니의 영향을 받아 가야금에 남다른 재능을 보이며 예능인의 끼를 키웠다. 이러한 숨은 재능은 배우가 되어 아낌없이 표출됐다. 창이면 창, 장구춤에 승무까지 예술인을 능가하는 가무 실력을 드러냈다. 국악을 쌓으며 축적한 내공을 드러낸 것이다.

"국악을 하며 익힌 예술적 감각은

사극과 같은 연기를 할 때

큰 도움이 돼요."

배우 활동을 하면서도 가야금을 놓지 않고 있는 이하늬는 세 모녀가 함께 이룬 가족 밴드 '이랑'을 통해 가야금 앨범도 주기적으로 발매하고 있다. 독주회도 열고 있다. 연기 생활과 연주자의 길을 병행하는 버거움에 남몰래 눈물 흘리기도 했지만, 가야금은 이하늬의 사랑스런 벗이 되고 있다.

이하늬의 세 번째 성공 비밀은 항상 새로운 도전을 주저하지 않는다는 점이다.

그녀는 세계 최초, 세계 최대 규모의 가야금 공연 '천사금(1004琴)'의

어울림'을 어머니 문재숙 교수와 기획했다. 가야금을 자국의 문화재로 지정한 중국의 854명 가야금 공연 기록을 뛰어넘기 위해서였다. 당초 1,004명의 합동 연주회로 기획했으나 4세부터 77세까지 전국에서 총 1,168명이 모여 성황리에 공연을 마쳤으며, 공연 기록은 기네스북에도 등재되었다.

〈이하늬 영웅의 두드림〉

Do Dream

미스코리아 출신으로 가야금을 타는 배우다. 어릴 때부터 스타의 꿈을 두드렸다. 걸그룹 연습생 활동을 할 정도로 성공을 향한 꿈이 강렬했다. "미스코리아가 뭘 할 줄 알겠어"라는 편견을 깨기 위해 미국으로 연기 유학을 떠나기도 했다. 그렇게 내공을 쌓은 결과 사랑받는 연기 영웅이 될 수 있었다.

스포츠영웅
이승엽

한국 프로야구의 전설

스포츠영웅 이승엽은 전 국민에게 기쁨과 감동을 선물해준 국민타자다. 그는 초등학교 시절부터 대한민국 최고 야구선수의 꿈을 두드렸다. 멀리던지기에서 3등을 한 이승엽을 보고 감독이 그의 아버지를 설득해 야구를 시작하게 됐다. 말 그대로 이승엽은 야구에 탁월한 재능을 타고 났다. 투수와 타자 포지션에서 모두 뛰어난 실력을 보여주었지만, 특히 투수로서 탁월한 재능을 보였다. 17세 고등학교 재학 시절 청룡기대회에서는 팀을 우승으로 이끌었으며 우수 투수상을 받기도 했다. 국가 대표로 선발됐을 때도 투수와 타자로 고른 활약을 하며 팀을 우승으로 이끌었다.

그는 대학에 가지 않고 삼성 라이온즈 프로야구 선수가 됐다. 그것도 투수로 입단했다. 하지만 입단 초기 고등학교 때 입은 팔꿈치 부상으로 투수 훈련을 받기가 힘들어졌다. 급기야 코치는 투수 대신에 타자로 뛸 것을 권유했다.

"정말 쉬운 일이 아니었죠.
 투수가 타자로 전환한다는 것은
 선수를 포기하라는 것과 같았죠."

하지만 이승엽은 수천 번에 걸쳐 타격을 연구하며 우뚝 일어섰다. 프로야구 첫해 13개의 홈런과 73타점을 기록하며 장거리 타자로서 자질을 보였다. 최고 선수가 되겠다는 갈망의 두드림이 그를 강하게 만들어준 것이다. 타자로 완전히 적응한 이승엽은 3년차인 1997년 21세 때 정상의 타격실력을 드러냈다. 아시아 프로야구 역사상 최고의 타자로 거듭난 것이다.

1999년에는 대한민국 프로야구 최초로 54개의 홈런을 치며 50홈런을 넘어서는 대기록을 수립했다. 26세에는 세계 최연소로 300호 홈런을 치며 고지에 올랐다. 동시에 56번째 홈런을 쳐내며 대한민국 프로야구 시즌 최다 홈런 기록을 세웠다. 이는 아시아의 신기록이었다.

이렇게 뛰어난 선수를 가만 둘리 없었다. 일본 프로야구팀 지바 롯데 마린스가 27세의 이승엽을 스카우트했다. 당시 연봉은 2억 엔(약 20억 원)으로 파격적인 대우였다.

"글로벌 무대에서
 계속 성과를 내기는 쉽지 않았습니다.
 부상으로 결국 2군으로 강등되는 수모를 당했죠."

물론 시련도 있었다. 타선에서 제외되는 일도 허다했고, 지바 롯데 마린스와 재계약에 실패해 요미우리 자이언츠로 자리를 옮기기도 했다. 하지만 위기는 그를 더 단단하게 만들었다. 결국 그는 다시 일어섰다. 일본 진출 후 최다 홈런을 기록하며 리그 홈런 1위에 올라섰다. 타격 전 부문에서 최상위권을 유지하며 최정상급의 기량을 뽐냈다.

"운동선수에게 실력 향상은
 연습밖에 없는 것 같아요.

부상도 연습으로 극복해야죠."

이 같은 노력의 결과 이승엽의 연봉은 70억 원으로 뛰었다. 35세의 나이에 다시 한국으로 영구 귀국한 이승엽은 41세까지 현역생활을 하며 '대한민국 야구 전설'이라는 두드림을 완성해냈다. KBO 리그 역사상 최초로 두 자릿수 골든글러브 수상, 최다 타점 신기록, 한일통산 600호 홈런, 최초 4,000루타 등의 진기록을 세웠다.

슬럼프를 이겨내는 두드림

스포츠영웅 이승엽의 첫 번째 성공 비밀은 스스로 슬럼프를 이겨내는 놀라운 집념에 있다. 슬럼프가 찾아올 때마다 이승엽은 훈련에 더 매진하며 오뚝이처럼 우뚝 일어섰다.

"스포츠라는 것은,

특히 프로는 항상 결과로 말하는 겁니다.

과정보다는 결과가 우선시되는 게 현실이죠.

지금도 수많은 프로들이 이기기 위해

온갖 방법을 총동원합니다.

하지만 가장 중요한 것은

결과에 집착하지 않고 과정에 집중하는 겁니다."

그만큼 이승엽은 선수로서의 본분, 즉 훈련을 중시한다. 운동장에서, 체력단련장에서 운동복을 입고 구슬땀을 흘리는 게 좋은 성적으로 이어진다고 믿는다.

이승엽의 두 번째 성공 비밀은 끊임없이 기록에 도전했다는 점이다.

이승엽의 은퇴 기념패에는 '열다섯 시즌 8,270타석 긴장 속 만남이 빚어낸 2,156안타와 467홈런 이승엽 선수의 플레이를 역사에 새길 수 있어 행복했습니다'라는 글이 적혀있다.

KBO리그에서 15년간(1995~2003, 2012~2017년) 뛰면서 1,906경기에 출장해 7,132타수 2,156안타, 통산 타율 0.302에 467홈런, 1,498타점, 1,355득점, 1,055개의 사4구를 기록했다.

"홈런을 칠수록, 타점을 올릴수록

더 큰 기록을 만들겠다는 꿈이

저의 도전을 자극했습니다."

이승엽의 세 번째 성공 비밀은 존경받는 운동선수가 되고자 했다는 점이다. 실력만 최고인 선수가 아니라 모범적인 선수생활로 다른 선수들의 롤모델이 되고자 했다.

"많은 야구인이 제2의 이승엽이 나와야 한다고 말할 때

가장 기분이 좋습니다."

그래서 은퇴 후 이승엽은 야구재단을 설립했다. 야구 교실이나 용품 지원 등을 통해 꿈나무들에게 새로운 희망이 되고자 한다.

"많은 사람이

'아~ (이승엽은) 역시 야구했을 때만큼

할 수 있구나'라는 칭찬을 받고 싶습니다."

국민 타자라는 타이틀에 흠이 가지 않도록 잘 살겠다는 게 이승엽의
다짐이다.

<이승엽 영웅의 두드림>

Do Dream

초등학교 시절부터 대한민국 최고 야구선수의 꿈을 두드렸다. 투수로서 탁월한 재능을
드러냈지만, 부상이 생겨 타자로 운명을 바꿨다. 수천 번에 걸쳐 타격을 연구해 최고의
국민타자로 다시 태어났다. 슬럼프도 놀라운 집념으로 이겨냈다. 그 결과 한일 통상 600
호 홈런, 최초 4,000루타 선수가 됐다.

스포츠영웅
서장훈

뇌섹남 농구 레전드

스포츠영웅 서장훈은 7세 때 야구선수로 운동을 시작했다. 중학교 때 농구로 종목을 전환한 그는 이 선택으로 운명을 바꿨다. 중학교 3학년 때 폭풍성장하면서 키 207cm의 거인 센터로 자리 잡게 됐다. 특히 1년 후배인 현주엽과 함께 휘문고등학교를 고교 정상급 팀으로 이끌면서 주목을 받기 시작했다. 서장훈의 두드림은 압도적인 실력으로 최고의 농구선수가 되는 것이었다.

"팬들이 열광하는 모습을 볼 때마다

멋진 선수가 되겠다고 다짐했어요."

탁월한 신체조건에 기술력까지 갖춘다면 스타선수가 될 수 있다고 확신했다. 서장훈은 체력을 단련시켜 힘을 키우고 여기에 민첩함까지 갖춰 공격기술에 능숙한 농구 감각을 키우는 데 주력했다. 몸집만 큰 선수가 아니라 기량이 뛰어난 선수가 되기 위해 남몰래 밤낮을 가리지 않고 슈팅 연습을 했다. 이 같이 남달리 노력한 결과 서장훈은 센터 자리를 지키면서 농구대잔치 때 연세대학교를 최초의 대학 우승팀으로 이끄는 데 기여했다. 겨우 스무 살, 서장훈은 공포의 선수로 떠올랐다. 스타선수이자 국보급 센터가 되었다.

대학을 졸업하고 24세에 프로 농구선수가 된 그는 데뷔 첫해 국내 선수로는 최초이자 지금까지도 유일한 리바운드 1위를 차지하는 실력을 뽐내며 시즌 MVP를 차지했다. 39세에 은퇴를 결정한 그는 KBL 통산 최다 득점(13,231점), KBL 통산 최다 리바운드(5,235개)의 대기록을 세우며 농구인생 25년을 마감했다. 이런 금자탑은 오로지 꿈을 향해 달렸던 그가 흘린 땀과 눈물의 결정체다.

서장훈은 은퇴 후 방송인으로서 제2의 인생에 도전했다. 지적인 까칠남 이미지, 재치 있는 말솜씨와 똑똑한 모습으로 뇌섹남, 서셀럽, 뇌

섹거인이라는 별명까지 얻었다.

"저에게 예능감이 있다는 사실을
알게 됐어요.
그 이후로 승부사적 기질로
연예계에서도 살아남아야겠다고 다짐했죠."

서장훈은 평생 승부의 세계에서, 이겨야 살아남는 곳에서 생활해왔기 때문에 나름대로 연예계의 경쟁에서도 이기려고 최선의 노력을 다했다. 그 결과 다양한 프로그램에 출연하며 자신의 입지를 넓혀갈 수 있었다.

즐기는 농구로 만들어낸 두드림

스포츠영웅 서장훈의 첫 번째 성공 비밀은 즐기는 운동을 했다는 점이다. 그는 중·고등학교 시절 단짝이었던 1년 후배 현주엽과 운동한다고 생각해본 적이 없다. 그냥 논다고 생각했고 매일 학교에 즐겁게 놀러간다고 생각했다.

"정말 규칙적으로 살았어요.

운동만 생각하고 팬들만 생각하고

동료들만 생각했죠.

매일 하는 운동이었지만,

정말 재밌는 놀이라고 생각하고 했어요."

서장훈은 흐트러짐이 없다. 그는 운동복을 갤 때 늘 각을 잡고 운동화는 몇 년째 같은 모델만 신는다. 유난히 정리정돈에 집착하는 습성은 일상생활로까지 번져 결벽증이 됐다.

서장훈의 두 번째 성공 비밀은 기존의 유명 운동선수들이 다소 상식이 부족하다는 편견을 깬 데 있다.

그는 각종 프로그램을 통해 풍부한 상식과 예상을 뛰어넘는 재치를 선보이며 운동선수에 대한 선입견을 과감하게 깨뜨렸다.

"농구 스타와 연예인의 기본은 같은 것 같아요.

둘 다 신중하게 처신하고

많이 생각해야 한다는 겁니다."

그는 녹화 전날이면 큰 경기를 앞둔 농구 선수처럼 컨디션 조절에 집중한다. 방송 주제에 따라 미리 신문, 책 등을 꼼꼼히 읽으며 공부한다.

서장훈의 세 번째 성공 비밀은 최선을 다하는 자세에 있다.

그는 운동을 할 때나 방송에 출연할 때나 최선을 다한다. 운동할 때는 자신이 최선을 다하지 못하면 팀과 동료에게 피해를 주기 때문에 바른 자세가 아니라고 생각했다. 방송을 할 때는 자신이 최선을 다해야 고생하는 스텝과 제작진의 열악한 환경에 조금이나마 도움을 줄 수 있다고 생각한다. 그만큼 서장훈은 남을 배려하는 자신을 만들기 위해 노력하는 사람이다.

"방송에 발을 담근 이상 열심히 해야죠.

최선을 다해 방송하는 게

주변 사람과 시청자를 위한 길이잖아요."

운동을 했던 만큼 항상 잘 해야겠다는 승부욕이 숨어있다. 연예인으로 활동하면서는 되도록 하루 한 끼만 먹고 있다. 대중 앞에 나서는 공인으로서 좋은 모습을 보여주기 위해서다.

〈서장훈 영웅의 두드림〉

Do Dream

7세 때 야구선수로 운동을 시작해 중학생 때 농구선수로 운명을 바꿨다. 몸집만 큰 선수가 아니라 기량이 뛰어난 선수가 되기 위해 밤낮을 가리지 않고 슈팅 연습을 했다. 그 결과 리바운드 1위, KBL 최다득점을 받은 농구의 전설이 됐다. 은퇴 후에는 연예인이 되어 '뇌섹남'으로 변신했다.

스포츠영웅
김자인

클라이밍 세계 챔피언

스포츠영웅 김자인은 스포츠 클라이밍 세계 챔피언이다. 153cm의 작은 키로 전 세계를 재패하는 '암벽 여제'다. 그는 롯데월드타워를 밧줄만 잡고 맨손으로 올라가는, 모두를 깜짝 놀라게 할 정도로 대단한 담력을 타고났다. 쳐다보기만 해도 어지러울 정도의 높이인데, 그는 월드타워를 단숨에 정복했다. 123층을 오르는 데 걸린 시간은 2시간 29분. 김자인은 밝은 표정으로 월드타워 정상에 오르며 많은 사람에게 진한 감동을 줬다. 게다가 1미터 오를 때마다 1만 원 씩, 총 555만 원을 기부해 찬사를 받기까지 했다.

사진 협조 : 올댓스포츠

"두려워하면 성공하지 못하는 것 같아요.

도전은 사람을 신나게 하고

정복은 큰 기쁨을 가져다주죠."

김자인의 도전은 거침이 없다. 롯데월드타워뿐만 아니라 128m 높이
의 부산 KNN타워, 84m의 서울 명동 롯데백화점 빌더링(스포츠 클라이
밍 종목인 '볼더링'과 '빌딩'의 합성어)에도 성공했다.

김자인은 어린 시절부터 클라이밍을 즐기는 부모님의 영향을 받아
클라이밍에 남다른 재능을 보여줬다. '자인'이라는 이름은 클라이밍 로
프를 뜻하는 자일에서 '자'를 따오고, 인수봉의 '인'을 따서 아버지가 지

어줬다. 이름 때문일까. 김자인은 클라이밍 최고 선수라는 두드림을 자연스럽게 갖게 됐다.

"밧줄을 잡고 산을 오르는데,

너무 재밌고 신났어요.

대회가 있다는 걸 알면서

챔피언이 돼야겠다고 결심했죠."

김자인은 초등학교 2학년 때 스포츠 클라이밍이란 게 있다는 걸 알고 선수로서의 꿈을 두드렸다. 중학생이 되어 청소년 대회에 참석해 첫 우승을 하면서 더욱 큰 갈망의 두드림을 시작했다.

"세계적인 선수가 되는 거야.

기본기를 키워서

클라이밍 최고 선수가 되어야지."

김자인은 중학교 2학년이 되자 일반부에 도전해 우승의 영광까지 안았다. 이어 16세 때 국제대회에 최연소로 일반부에 도전했다. 결과는

41등으로 예산 탈락이었다. 실망이 컸다. 큰물에서는 자신이 부족하다는 사실을 안 김자인은 악바리 근성으로 훈련에 매달렸다. 그 결과 같은 해인 2004년 아시아 챔피언십 대회에서 1위를 차지하며 16세의 나이로 아시아 최고 선수의 자리에 올랐다.

이어 국제스포츠 클라이밍연맹 클라이밍월드컵 25회 최다 우승, 한국 최초 세계선수권대회 종합 부문 우승, 리드부문 우승, 아시아선수권대회 11회 연속 우승 등을 했고, 암벽등반 선수 통틀어 세계 1등의 자리를 차지했다.

땀과 노력으로 만들어낸 두드림

스포츠영웅 김자인의 첫 번째 성공 비밀은 땀으로 완성된 두드림이라는 점이다.

초등학교 2학년인 8세 때 꾼 꿈은 불과 8년 만에 최고 선수라는 영광으로 돌아왔다. 자신의 끼를 살렸고 재능을 연마하는 땀의 결과였다. 16세에 아시아 1등의 자리에 오른 김자인은 5연승을 할 정도로 월등한 기량을 뽐냈다. 모두 한눈팔지 않고 훈련에 매진한 결과였다. 21세 때는 체코에서 열린 국제 클라이밍월드컵에 출전에 세계 최고 정상에 올랐다. 세계적인 선수로 발돋움한 김자인은 22세 때 출전한 12개 대회 중 7개 대회에서 우승하는 놀라운 성적을 거두며 리드 부문 세계랭킹 1위에 올랐다.

"나는 할 수 있다는
'캔두 정신'이 저를 성장시킨 것 같아요.

김자인은 스포츠 선수에게 중요한 것은 불굴의 도전 정신이라며 땀을 흘리고 실력이 쌓였을 때 도전 의지도 더 커진다고 말한다.

김자인의 두 번째 성공 비밀은 공부하고 연구하는 두드림을 실현했다는 점이다. 그는 운동만 하지 않았다. 고려대학교 체육교육과에 입학해 선수생활과 학업 둘 다 최선을 다했다. 대학원까지 입학해 〈클라이밍 몰입의 구조적 접근〉이라는 내용의 졸업논문을 완성해냈다. 이론과 실무를 게을리 하지 않는 선수가 되어 클라이밍의 최고봉에 오른 것이다.

그 결과 24세 때 프랑스 파리에서 열린 세계선수권대회에서 종합 우승, 대한민국 최초로 스포츠 클라이밍 세계선수권 대회 금메달을 차지하며 잠시 내주었던 세계 랭킹 1위 자리를 되찾았다.

"운동하랴, 공부하랴,

실은 정말 귀찮고 힘든 일이죠.

하지만 기본 이론을 알면

더 실력을 키울 수 있는 것 같아요."

그는 이처럼 세계 최정상에 오르기 위해 남다른 노력과 정성을 쏟았다.

김자인의 세 번째 성공 비밀은 스포츠 클라이밍을 너무나 사랑하는 두드림을 실천했다는 점이다.

스포츠 클라이밍이라는 낯선 경기를 국민에게 알리기 위해 전도사 역할을 자처했다. 도심 속 건물을 닥치는 대로 올라가는 퍼포먼스를 통해 스포츠 클라이밍에 대한 국민들의 관심을 촉발시켰다.

"스포츠 클라이밍을

대중에게 널리 알리고 싶었습니다."

김자인이 전공한 '리드'는 몸에 로프를 걸고 높이 15m에 경사의 인공암벽을 제한된 시간에 더 높이 올라가는 선수가 이기는 운동 종목이다. 키가 작은 김자인은 근육의 힘과 점프력을 이용해 역동적으로 암벽을 뛰어 올라가는 '다이내믹' 스타일이 아니라, 안정적이고 에너지 소모가 작은 자세로 차근차근 올라가는 '스태틱' 스타일로 어떤 빌딩이든지 오를 수 있는 기술력을 갖고 있다. 이 때문에 그녀의 암벽 등반 동영상은 클라이밍의 교과서처럼 쓰이고 있다.

〈김자인 영웅의 두드림〉

153cm의 작은 키로 '암벽 여제'가 됐다. 스포츠 클라이밍을 널리 알리기 위해 월드타워를 맨손으로 올랐다. 세계적인 선수가 되기 위해 공부하고 연구하며 기본기를 집중적으로 쌓았다. 또한 "나는 할 수 있다"는 캔두 정신으로 자신을 무장했다. 그 결과 스포츠 클라이밍 세계 챔피언이 됐다.

스포츠영웅
장혜진

세계 1위 양궁 챔피언

　스포츠영웅 장혜진은 브라질 리우 올림픽에서 금메달 2개를 딴 양궁 여신이다. 초등학교 4학년이던 10세 때 양궁을 시작해 올림픽 영웅의 꿈을 두드렸다. 하지만 이 꿈은 쉽게 두드려지지 않았다. 29세가 될 때까지 올림픽 출전의 기회조차 잡지 못했다. 그런 그녀가 어떻게 올림픽 2관왕의 두드림을 이뤄낼 수 있었을까?

“포기하지 않고

끝까지 긍정적인 생각으로

최선을 다하니까 기회가 왔던 것 같아요."

장혜진은 항상 성격이 밝다. 그리고 자기 자신의 부족함을 잘 알고 보완하기 위해 최선을 다한다. 그 결과 늦깎이였지만 순식간에 깜짝 스타로 주목을 받을 수 있었다. 그만큼 올림픽 영웅이 되겠다는 두드림을 끝까지 놓지 않았고 그 꿈을 향해 실행의 두드림에 최선을 다했다.

"결국 실력밖에 없는 것 같아요.

다른 선수들이 쉴 때도 홀로 훈련장에 나갔어요.

이를 악물고 손바닥이 부르트도록

하루에 수 백 발을 쐈어요."

그럼에도 올림픽 출전권을 따내기는 쉽지 않았다. 3명을 뽑는 2012년 런던 올림픽 국가대표 선발전에서 4위로 탈락의 고배를 마신 것이다. 출전기회는 4년 뒤로 밀려났다. 그리고 4년 뒤에 올림픽 출전권을 따낸다는 보장도 없었다. 하지만 장혜진은 좌절하지 않았다. 포기하지 않았다. 갈망의 두드림으로 다시 일어섰다. 그리고 2014년 리우 올림픽 출전권을 따내며 꿈의 무대인 올림픽 무대에 올랐다.

"실패의 경험이 많아서인지

더 대담한 용기가 발휘됐어요.

한 발, 한 발 악착같이 쐈죠.

10점 명중은 짜릿함을 가져다줬어요."

장혜진의 치열했던 땀방울은 멋진 결과로 돌아왔다. 장혜진은 항상
자기 자신을 믿었다.

"키는 작지만

나는 팔이 길어

양궁에서 꼭 성공할 거야."

이 같은 스스로에 대한 믿음으로 장혜진은 경기에 나갈 때마다 '짱콩'
이라고 적힌 작은 글씨 장식을 달고 나간다. 키가 작은 땅콩 중에서 최
고가 되겠다는 바람을 꼭 이루겠다는 자기 최면인 것이다.

"잘 될 거야"로 이뤄낸 긍정의 두드림

스포츠영웅 장혜진의 첫 번째 성공 비밀은 긍정의 두드림이다.

장혜진은 위기 때마다 '자신에 대한 믿음'을 더 강하게 했다. 기보배와 맞붙은 양궁 개인전 준결승전에서 장혜진은 3점을 쏘고 말았다. 3점은 연습 때도 거의 나오지 않던 절망적인 점수였다.

무너질만한 데도 장혜진은 씩 웃으며 계속 경기에 집중했다. "바람 때문에 실수한 거지, 내가 실수한 게 아냐. 집중하자"며 자신을 긍정하는 혼잣말로 스스로를 격려했다. 그리고는 9점, 10점을 연달아 쏘며 희망을 만들어냈고 결승에 진출해 금메달을 거머쥐었다.

"경기에서 좋은 점수를 쏘지 못하면

압박감에 시달려 다음 경기에 집중하기 어렵죠.

'괜찮아, 잘했어'

'더 잘하면 돼'라고

자신을 칭찬하면 경기흐름이 달라지죠."

긍정의 두드림은 그녀를 최고의 선수로 이끄는 원동력이 됐다. 경기에 임할 때마다 훈련한 대로, 집중하는 대로 잘 될 거야 하는 믿음은 결과까지 좋게 만들어줬다.

장혜진의 두 번째 성공 비밀은 결코 포기하지 않는 두드림에 있다. 올림픽 영웅이라는 두드림을 이루기까지 19년을 기다렸다. 쟁쟁한 선수에 밀려 출전의 기회를 잡지 못했지만, 반드시 기회를 잡게 될 것이라는 믿음을 놓지 않았다.

그 결과 올림픽 출전의 기회가 왔고 첫 출전에서 금메달 2관왕의 양궁 여신으로 다시 태어날 수 있었다.

"긍정의 말, 긍정의 행동, 긍정의 생각은

어떤 역경에서도

다시 일어설 수 있도록 도와주는

특효약인 것 같아요.

중간에 포기하면 너무 허무하잖아요."

장혜진의 세 번째 성공 비밀은 나 자신을 믿는 두드림이다.

양궁 여신을 꿈꾸며 선수촌 생활을 하던 장혜진에게 가장 힘든 것은 새벽 동계훈련이었다. 훈련 시즌이 되면 매일 어두컴컴한 새벽에 일어나 잠도 제대로 깨지 않은 채 옷을 주섬주섬 입고 차디찬 문밖으로 나가야 했다. 일어날 때마다 불평이 저절로 터져 나왔다.

그러던 어느 날 장혜진은 생각을 바꿔 먹었다. "어차피 해야 할 것, 불평한다고 달라질 게 없을 텐데"라며 마음을 고쳐먹었다.

"내가 이렇게 힘들다고 불평하면
운동도 재미없고 운동 효과도 줄지 않겠어.
훈련만이 나의 꿈을 이뤄줄 수 있는
보약이라고 생각해야지."

생각을 바꾸자, 신기하게도 훈련이 즐거워졌고 많이 힘들지 않았다. 자신에 대한 믿음도 더 강해지는 것 같았다.

"나를 믿는 게 정답인 것 같아요.
스스로를 믿지 않으면
누구를 믿어야 할까요.
나에 대한 믿음이 없으면

작은 실패에도 좌절해요.

실수를 해도 '난 잘 될 거야'라고 생각하면

반드시 잘 되는 것 같아요."

〈장혜진 영웅의 두드림〉

Do Dream

올림픽 금메달 리스트를 꿈꾸고 10세 때 양궁을 시작했지만, 29세가 될 때까지 올림픽 출전의 기회조차 잡지 못했다. 하지만 최선을 다하며 때를 기다렸다. 올림픽 출전을 갈망하며 하루 수백 발의 화살을 쐈다. 노력은 결과를 가져다주는 법. 리우 올림픽에 첫 출전해 양궁 2관왕의 '양궁 여제'가 됐다.

두드림 *DoDream*

챔피언의 비밀노트

Be a New Champion!

"

갈망의 두드림
꼭 이뤄야 할 간절한 꿈을 꿔라!

생각의 두드림
꿈을 현실로 만들기 위해 끊임없이 상상의 나래를 펼쳐라!

실행의 두드림
원하는 꿈을 이루기 위해 문을 두드리고 또 두드려라!

"

챔피언의
비밀

두드림 *Do Dream*

노트

두드림

....

Part 5

챔피언의 성공 비밀

뉴 챔피언,
변화를 기회로 만들다

철도왕 밴더빌트, 석유왕 록펠러, 철강왕 카네기, 자동차왕 포드, IT 거물 빌게이츠와 스티브 잡스, 세계 최대 전자상거래 대왕 베조스와 마윈, 축구영웅 차범근, 피겨여왕 김연아, 골프영웅 박세리, K-POP 스타 싸이와 방탄소년단….

이들에게는 어떤 공통점이 있을까?

이들은 한결같이 자신에게 다가오는 변화를 받아들였고, 즐겼으며, 그 변화를 기회로 바꾸는 놀라운 도전 정신과 캔두 정신을 갖고 있었다. 변화에 가장 잘 적응해 적자생존의 성공법칙을 만들어낸 주인공들인 것이다. 이들은 기존의 챔피언을 물리치고 뉴 챔피언이 되어 많은 사람들에게 희망과 감동을 안겨줬다. 뉴 챔피언에 자리에 오른 영웅들은 남다른 도전 정신과 캔두 정신으로 자신만의 두드림을 완성해냈다.

성공을 향한 가슴 뛰는 도전, 좌절과 방황의 순간을 이겨낸 집념, 세상의 변화를 기회로 바꾼 성공신화 등을 통해 전율과 감동의 드라마 같은 삶을 만들어냈다. 챔피언들은 당당하게 세상과 맞서 불공정하게 '기울어진 운동장'을 개선하고, 세상을 희망찬 곳으로 바꿔나갔다.

최일구, 틀을 깨는 변화의 주인공이 되다

기자 출신 최일구 MBN 앵커는 항상 틀을 깨는 변화의 주인공이 되고자 했다. 그는 당산철교 부실공사를 취재해 보도한 적이 있었다. 보통 뉴스는 한 꼭지에 2분 정도 방송되지만, 그는 6분 가까이 보도하는 파격적인 시도로 당산철교 부실시공 현장을 실감나게 고발했고, 결국 재공사를 하게 만드는 자극제 역할을 했다.

그는 방송 뉴스의 틀을 깬 주인공으로도 유명하다. 정형화된 종합뉴스에 예능적인 요소를 도입해 뉴스를 재미있게 변화시켰다. 위트 있는 말로 '어록 제조기'라는 별명까지 얻었다.

"뉴스 앵커는 주로 '다나까'체를

사용하는 것이 관례지만,

'~요'로 말을 끝내는 방식으로

기존의 딱딱함을 벗어나보고 싶었어요."

이 같은 변화의 시도는 뉴스를 좀 더 알아듣기 쉽고 친근하게 만들어 주는 계기가 됐다.

"할 말을 하겠다는 자세,

앵커도 변해야 한다는

신념이 저를 발전시킨 것 같습니다."

최일구는 변화하는 자세가 자신을 발전시켰다며, 시대와 상황에 맞게 사람은 항상 거듭나야 한다고 말한다. 또한 국내 방송과 달리 미국 CNN의 뉴스 진행방식은 매우 부드럽고 자유롭다고 하며, 국내 방송의 뉴스도 더 사람 냄새나도록 만드는 게 두드림이라 말한다.

"저는 방송 뉴스의 클로징멘트가

신문의 만평이라고 생각해요.

기사는 쉽게 잊혀도

만평은 오래오래 기억에 남잖아요."

최일구는 사회에 긍정적인 변화를 일으키는 사람이 되고 싶어 한다. 뉴스를 재해석해서 시청자에게 잔잔한 여운을 전하는 게 앵커의 책무라고 믿고 있다. 꿈 전도사가 되어 청년 멘토링에도 앞장서고 있는 최일구는 "나만의 꿈을 상상하고 선언하고 실행하라"고 조언한다.

글로리아 아이, 변신으로 성공 기회를 찾다

글로리아 아이Gloria Ai는 중국 CCTV 간판 앵커에서 아이애스크 미디어iAsk Media 창업자로 변신했다. 2012년 세계경제포럼이 선정하는 글로벌 셰이퍼Global Shaper, 2016년 포브스가 발표하는 '아시아에서 영향력 있는 30대 이하 30인30 under 30 Asia'에 선정될 정도로 주목받는 미디어계 거물로 도약하고 있다.

어린 시절 글로리아의 두드림은 세계적인 지도자들을 인터뷰하는 앵커가 되는 것이었다. 동시에 자신이 인터뷰 대상이 되는 혁신적인 기업가가 되는 꿈을 키웠다. 그리고 그 꿈대로 실행의 두드림을 두드렸다. 대학을 마치고 미국 뉴욕에서 CCTV 비즈니스 해설가로 활동한 뒤 중국으로 돌아와 27세에 언론사를 창업했다.

"변화하는 미디어의 주인공이 되고 싶었습니다."

글로리아는 자신의 회사를 현재 약 1억 명의 시청자를 가진 미디어로 성장시켰다. 리더와의 토크쇼를 특화해 12개 이상의 비즈니스 토크 프로그램을 제공하고 있다. 'iAsk · Daily'는 매일 뜨거운 인기를 얻은 인물 TOP 1에 대한 의견을 제공하는 프로그램이고 'iAsk · Leaders'는 매 시즌 산업계 지도자 TOP 10과 의견을 나누는 프로그램이다. 또 'iAsk · Men of the Year'는 매년 TOP 30의 책임 있는 사업가를 중심으로 프로그램을 방송한다.

이 같은 사람 중심, 투자 중심, 금융 중심의 토크는 많은 시청자의 눈길을 사로잡으면서 인기 방송으로 자리잡아가고 있다. 현재 중국에서 가장 영향력 있는 금융 뉴 미디어그룹으로 평가받을 정도다.

그의 성공은 변신에 있다. 대학 졸업 후 첫 직장은 세계은행 컨설턴

트였다. 당시 워싱턴 DC에서 열리는 정기 심포지엄의 행사 진행자였던 CCTV 앵커가 늦게 도착하는 바람에 대체자로 행사 사회를 맡게 됐다. 그의 뛰어난 사회는 CCTV 관계자의 눈길을 사로잡았다. 그렇게 CCTV 가 그에게 이직을 제안을 했고 그는 당시의 수백만 달러의 연봉을 뿌리치고 새로운 기회를 잡았다. 어릴 때 두드림이 현실의 기회로 다가왔기 때문이다. 앵커가 된 글로리아는 2012년부터 CCTV 앵커로 세계 유명 인사를 만나 인터뷰를 진행하며 눈높이를 키웠다.

"꿈꾸던 일을 할 수 있는 기회,

　변신의 순간이 왔을 때

　주저하지 않아야 성공의 길이

　열리는 것 같아요."

글로리아는 자신의 변신이 성공을 만들어 준 실행의 두드림이었다고 말한다. 변신의 기회가 찾아왔고 갈망의 두드림에 다가갈 수 있는 기회라고 판단해 그 기회를 잡아 성공하는 챔피언이 된 것이다.

사하르 잰드, 상상한 대로 꿈을 이루다

사하르 잰드Sahar Zand는 BBC의 리포터 겸 다큐멘터리 제작자다. 한 가지 매체에만 국한하지 않고 텔레비전, 라디오, 디지털, 텍스트 등 다양한 멀티미디어 매체를 종횡무진하고 있다. 그는 글로벌 무대에서 발생하는 전 세계 뉴스를 취재하고 보도하는 글로벌 뉴스의 전달자다. 뉴스는 아프가니스탄의 정신 병원, 미국 교도소에서 자식을 그리워하는 여성 수감자의 이야기, 인도네시아의 사망과 관련된 의식, 기후 변화, 모로코의 여성, 네팔의 여신, 분쟁 지역 시리아 알레포 동물원에서 마지막으로 살아남은 동물에 이르기까지 다양하다.

사하르는 뉴스 저널리즘의 전통적인 경계를 깨뜨리는 새로운 보도 스타일의 창시자로 알려져 있다. 창의적·현대적이면서 어린 아이부터 모든 연령층의 관객이 이해할 수 있는 콘텐츠의 다큐멘터리를 만들어 호평을 받고 있다.

"다큐멘터리는 있는 그대로의 삶의 포인트를 통해
중요한 메시지를 찾아내는 게 중요합니다."

다큐멘터리는 허구가 아니라 현실 그대로를 전달하기 때문에 현실의 어떤 측면을 포착해내느냐가 가장 중요하다.

사하르는 고향인 이란을 떠나 11세 때 유럽의 난민촌을 떠돌며 살았다. 영국에 정착한 건 15세 때였다. 이 같은 경험이 다큐멘터리 제작자라는 두드림을 키워줬다. 그렇게 역경을 딛고 다큐멘터리 전문가의 자리에 오른 사하라를 2014년 BBC에서 스카우트 했다. 그만큼 탁월한 실력을 인정받은 것이다.

"보이지 않는 사람들에게
희망을 줄 수 있는 이야기를
만들어 전하는 게 목표가 됐어요."

사하르는 자전적인 이야기를 담은 BBC 스토리빌StoryVille의 장편 영화를 제작 중이다. 이 영화를 통해 난민 아동에 대한 현실적인 인식을 제고할 수 있길 기대하고 있다.

그는 어린 시절 고통 받는 사람들의 모습을 보고 꿈꾸었던 다큐 제작자의 두드림이 현실이 됐다고 말한다.

"꿈은 꾸는 대로

언젠가 나도 모르게 이뤄지는 것 같아요."

사하르는 막연하게 생각했던 꿈이 생각의 두드림을 통해 현실이 되는 기적을 경험했다.

정재승, 글쓰기로 과학을 대중화하다

정재승은 한국을 대표하는 뇌 과학자다. 글쓰기도 좋아해《정재승의 과학 콘서트》,《물리학자는 영화에서 과학을 본다》등의 베스트셀러로 과학 전도사의 길을 걷고 있다.

정재승의 두드림은 어릴 때부터 과학자였다. 과학고를 졸업하고 한국과학기술원에서 물리학을 전공하며 착실한 실행의 두드림으로 과학자가 됐다. 카오스 이론으로 석사학위를 받았으며 복잡성의 과학을 신경과학에 접목해 뇌의 사고 기능을 연구하는 뇌 과학자가 됐다.

"통섭형의 사람이 되어야 합니다.

과학자는 과학만, 인문학자는 인문학만 해서는 안 됩니다.

과학, 예술, 인문학 등 여러 영역을 공부하며

서로 다른 시각으로 융합할 줄 알아야 합니다."

물리학자 정재승은 과학자로만 머물러 있지 않는다. 대중적인 과학 글쓰기로 일반 대중의 과학적 상식을 넓혀주는 데 앞장서고 있다. 일상 속에서 마주치기 쉬운 일들을 과학 원리에 입각하여 재미있게 해석해준다. 또한 상상력을 자극하는 수많은 질문을 통해 과학과의 간격을 좁혀주기 위해 노력한다. 그래서 그는 스스로를 과학 안내자라고 한다. 자신이 얻은 통찰을 사회에 나누어주기 위함이다.

"과학을 외워야 할 머릿속 지식이 아니라

세상을 바라보는 눈이 되도록 하고 싶어요."

정재승은 이처럼 기존 학자들이 갖고 있던 사고의 틀 밖으로 나왔다. 책을 쓰고 강의를 하고 방송을 하면서 대중 속의 학자로 자기 변신을 일으켰다. 그 결과 2009년 다보스 포럼에서 '차세대 글로벌 리더'로 선정됐고 젊은이들이 가장 좋아하는 과학자가 됐다.

"저는 1.4kg의 뇌 연구에 빠져 있습니다.

치매에서 소아정신, 의사결정 장애까지

의사결정이 핵심 연구 과제입니다."

그는 제4차 산업혁명은 정치적 유행어가 아니라 다가올 큰 변화라고 설명한다. 지금부터 차근차근 준비해야만 우리 사회가 더 나은 방향으로 나아갈 수 있다는 것이다.

"인간들이 합리적인 의사결정을 안 하는 데에는

인간의 뇌가 복잡하고 다양한 것을 고려하기 때문이죠.

자신의 경제적 이득만이 아니라,

다른 사람과의 관계, 과거의 기억, 미래에 대한 전망 등

복잡한 과정을 거쳐서 선택을 합니다."

정재승은 인간의 뇌에 대한 이해가 충분해지면, 더 나은 의사결정을 하는 시스템을 만들 수 있다고 믿는다. 이에 따라 합리적으로 판단하는 논리적 사고가 중요하다고 강조한다.

그는 독서량이 많은 책벌레이기도 하다.

"책이 가득한 서점이나 서재에 가면

마음이 설레고 심장이 막 뛰죠.

책과 함께 있는 순간,

책 속에 파묻혀 있는 시간을 아주 즐깁니다."

정재승은 나와 다른 시대, 다른 환경에서, 다른 경험을 해온 사람이 고민해 얻은 삶의 성찰을 엿보는 게 가장 즐거우며 독서의 미덕이라고 말한다.

피터 스톤, 인공지능으로 미래를 만들다

피터 스톤Peter Stone은 미국 오스틴 텍사스대학 로봇 포트폴리오 프로그램 의장이자 컴퓨터 공학과 교수다.

그는 카네기멜론 대학교에서 컴퓨터공학 석·박사 학위를 받았다. 대학 졸업 후에는 AT&T 랩스에서 인공지능 개발 기술자로 근무했다. 인공지능 기획, 머신 러닝, 다중 시스템, 로봇, 상거래 등 다양한 분야의 연구를 진행하고 있다. 특히 인공지능을 활용해 로봇 축구, 자동 입

찰, 자동 교통 관리 시스템을 만들기도 했다. 그는 시뮬레이션 환경과 실제 대회 환경에서 완벽히 작동되는 로봇 축구팀을 만들어 로봇 축구 토너먼트 로보컵RoboCup 대회에서 8차례 우승했다.

"인공지능을 어떻게 적용할지
 창의적인 생각을 하는 게 중요합니다."

로봇 축구팀의 탄생은 스톤이 인공지능을 로봇에 구현해 사람처럼 축구하는 능력을 시험해보기 위한 창조적 생각에서 시작된 것이다. 로봇 활성화를 위해 로보컵 재단 창립에도 참여했다.

"2030년이 되면 무인자동차와 트럭, 무인 항공기 배송 시스템이
 도시인들의 출퇴근, 가정, 직장, 상점 등에서 이루어지는
 삶의 패턴을 크게 바꿀 것입니다."

스톤은 인공지능이 바꿔놓을 인간의 삶에 대해 전망하는 인공지능 미래학자이기도 하다. 그는 2030년이 되면 청소 전문 로봇이 집을 청소하며 보안 서비스 역시 제공할 것으로 전망한다. 개인의 건강상태를

모니터하는 기기가 보편화되고 대화형 가정교사 로봇이 학생들의 언어뿐 아니라 수학과 여러 기술도 가르칠 것으로 전망한다.

스톤의 두드림은 최고의 인공지능을 만드는 일이다. 피터 스톤은 학자로만 머무르지 않기 위해 2015년에는 인공지능 회사 코지타이 Cogitai를 공동 창업했는데, 소니가 투자를 결정할 정도로 가능성을 인정받았다.

"복잡한 알고리즘을 학습하는 능력을 가진

로봇을 집중 개발할 계획입니다."

코지타이와 손잡은 소니는 반려견 로봇 강아지 아이보를 개발해 가전박람회 CES 2018에서 공개해 호평을 받았다.

핀달 반 알만, AI 활용 로봇화가를 만들다

핀달 반 알만Pindar Van Arman은 창의적인 그림을 그리는 로봇을 제작하는 화가다. 자신의 예술 세계를 알고리즘으로 연결해 예술작품을 만드는 로봇화가를 만들어내고 있다.

핀달의 로봇화가 제작 프로젝트 '클라우드 페인터CloudPainter'는 그림 그리는 로봇을 만들고자 하는 도전의 두드림으로 시작됐다. 그림을 그리던 그는 우연한 기회에 미국 방위사업청DARPA에서 모집하는 그랜드 챌린지Grand Challenge에 도전장을 낸 적이 있다. 자율주행 차량을 만들기 위한 팀에 지원한 것이다. 덱스터DEXTER라는 차량을 만들었는데, 이 차는 첨단 인공지능을 사용하여 예측할 수 없는 오프로드 지형에서 전례 없는 속도인 최고 50Kph의 속도로 82마일 이상을 달렸다.

"이 경험은 신선한 충격이었습니다.

운전자 없이 인공지능의 힘으로

달리는 자동차를 보며 저도 변신을 꿈꿨죠."

이때부터 핀달은 미술과 인공지능을 결합하는 최초의 로봇화가 설계자가 되겠다는 갈망의 두드림을 시작했지만, 생각보다 쉽지가 않았다. 처음 제작된 로봇화가는 점을 찍는 수준에 불과했다. 그는 몇날 며칠을 밤샘 연구하며 로봇의 수준을 높여갔다. 각고의 노력 끝에 그림이 수준급으로 올라서게 되었다. 로봇이 그린 작품으로 워싱턴 DC 전역 미술관에서 전시회를 하게 되었고, 반응은 폭발적이었다.

"혁신은 만들어가는 것 같아요.

무모하지만 도전하고,

새롭게 등장하는 기술을 이용해

끊임없이 개선하면 상상 이외의 것이 만들어집니다."

핀달의 도전이 국제적으로 인정받으며 MS는 그를 혁신가로, 인텔은 미국 최고의 발명가(America's Greatest Makers)로 선정했다. 그는 인공지능을 지속적으로 개선해 런던, 워싱턴 DC, 이탈리아 등 전 세계 전시회를 통해 그의 기술과 작품을 선보일 예정이다. 현재 로봇화가가 그린 그림은 핀달이 그린 그림보다 더 비싸게 팔리고 있다.

"로봇은 딥러닝을 통해

스스로 창조적인 작품을

만들어내기 시작했습니다."

핀달은 로봇화가가 수많은 작품의 특성을 분석해 사람보다 더 창의적인 작품을 만들 수 있게 될 것이라며, 이렇게 되면 결국 그림은 누가 그린 작품인지 아무도 알 수 없게 될 것이라고 말한다.

제임스 후퍼, 세계 최초 기록을 세우다

제임스 후퍼James Hooper는 영국 출신의 탐험가다. 18세 때 탐험 파트너 롭 곤틀렛Rob Gauntlett과 함께 에베레스트 정상에 오르며 영국 최연소 에베레스트 정복자가 됐다. 2008년 내셔널 지오그래픽은 그를 올해의 모험가로 선정했다. 한국 유학 결정도 모험이었다. 23세 때 한국 경희대학교로 유학을 와서 지리학을 공부했다. 한국인 여성과 결혼도 했다.

"성공적인 첫 탐험은

짜릿한 기쁨을 줬습니다."

그는 탐험가로서의 더 큰 두드림을 키웠다. 2008년 북극에서부터 남극에 이르는 4만 2,000km의 거리를 무동력으로 횡단하는 데 도전장을 냈다. 13개월 동안 인간의 동력만으로 횡단하는 세계 최초의 극대극 pole to pole 탐험이었다. 72일 동안 쉬지 않고 항해를 했지만, 똑같은 바다만 나왔다.

"맨 처음 한 가지를 시작하기가 힘들지,
 한 번 성공하면 다른 일을 하는 더 쉬워져요."

후퍼는 맨 처음 "어떻게 에베레스트를 오를까, 걱정하며 자전거 타기부터 연습을 했다"고 말한다. 조금씩 더 큰 도전을 하면서 큰 모험을 할 수 있었다. 그에게 탐험은 이제 정복해야 할 꿈이 되었다.

"무엇을 하든지 즐겨야 합니다.
 즐겁지 않으면 하고 싶지 않게 됩니다.
 자기가 원하는 일이라면

돈을 많이 벌지 않아도, 힘들어도 행복하게 살 수 있어요."

후퍼는 꿈꾸고 도전하는 두드림이 인생을 행복하게 해준다고 말한다. 어떤 일이든 바로 이룰 수는 없고 목표를 향해 끝까지 갈 수 있는 끈기를 가져야한다고 강조한다.

"에베레스트에 가기 위해
등반하는 법부터 배웠어요.
그리고 필요한 장비를 사고
경비를 마련하기 위해서 아르바이트를 했어요.
바로 눈앞에 있는 목표만 생각했어요.
알프스에 다녀오고 난 후에는 다음 계단이 무엇인지 생각했죠."

그는 꿈을 이루는 데는 단계가 있다고 말한다. 한꺼번에 모든 것을 이룰 수 없는 만큼 착실하게 준비해서 차근차근 실행의 두드림에 나서야 한다는 조언이다. 실제로 에베레스트를 정복하기 위해 무려 3년을 준비했다.

후퍼는 2009년 몽블랑에 오르는 과정에서 오랜 탐험 친구 롭과 앳킨

슨를 잃었다. 너무 슬픈 나머지 이들을 기리기 위해 기부하는 자전거 여행 프로젝트 '원마일 클로저'를 시작했다. 그리고 모금을 통해 아프리카 우간다의 학교를 그의 친구 이름으로 후원하고 있다.

닐 하비슨, 첫 사이보그가 되다

닐 하비슨Neil Harbisson은 영국의 젊은 예술가다. 그는 색을 전혀 인식하지 못하는 '선천적 전색맹'이라는 희귀병을 앓고 태어났다. 화가가 되고 싶었지만, 색을 구별할 수 없었다. 하지만 화가의 꿈을 잃지 않았다.

"화가가 되고 싶었어요.

화가의 꿈을 갈망하자,

놀라운 일이 생겼어요."

어떤 일을 갈구하면 신기하게 방법이 생기는 법이다. 좌절 속에 빠져 있던 21세 청년 하비슨에게 '전자 눈' 개발 프로젝트에 참여할 기회가 생긴 것이다. 그는 컴퓨터 과학자들과 함께 더듬이 같은 카메라, 즉 전자 눈 이식에 참여해 스스로를 사이보그(Cyborg, 인간과 기계장치의 결합)로 탈바꿈시켰다.

색을 인지해 소리 파장으로 변환할 수 있는 아이보그Eyeborg 안테나, 즉 전자 눈을 뇌에 영구 이식했다. 전자 눈을 통해서 색을 감지하고, 감지된 색의 주파수를 후두골에 이식한 칩이 인식하도록 수술한 것이다. 후두부에 심어진 칩은 감지된 주파수를 소리로 바꿔 골전도 방식으로 소리를 전달하게 된다. 이렇게 들리는 소리를 통해 하비슨은 색을 인식하게 되었고, 이 소리를 색으로 표현해 화가의 꿈을 이뤄낸 것이다.

"저는 소리를 통해서
색을 인식할 수 있습니다.
사람의 목소리를 들으면
그 목소리를 색상으로 표현할 수 있습니다."

그는 색을 볼 수는 없지만, 색을 들을 수 있다. 오히려 다른 사람들이 볼 수 없는 소리의 영역까지도 색으로 표현할 수 있게 된 것이다.

어려서부터 피아노를 배운 하비슨은 안테나를 통해 360개의 색을 스캔해 소리로 듣고, 이 소리를 다시 색으로 기록하는 작업을 선보이고 있다. 오바마 미국 대통령의 연설 장면이나 저스틴 비버의 노래 '베이비Baby'도 색으로 표현했다. 시각과 청각의 융·복합 작업인 셈이다. 그는 무료 앱 '아이보그'도 개발했다. 앱을 실행시키면, 색을 소리로 소리를 다시 색으로 변환하는 작업을 해 볼 수 있다.

비탈리와 바딤, 복면 쓴 도시의 닌자가 되다

비탈리 라스칼로프Vitaliy Raskalov는 우크라이나 출신의 25세, 8년차 사진작가다. 동료 바딤 막호로프Vadim Makhorov는 러시아 출신의 28세 사진작가이자 도시 탐험가다. 두 사람은 세계의 고층 건물을 등반하는 온더루프Ontheroofs 프로젝트의 창립자다. 이들의 두드림은 가장 먼저 세계 최고의 마천루를 정복하여 아름다운 예술사진을 연출해내는 일이다.

"짜릿합니다.

도심 속 최고층 빌딩을

정복하는 것은 그 자체가 스릴입니다."

비탈리에게 있어 도시 탐험과 사진 촬영은 하나의 작품 활동이다. 키오프스 피라미드Pyramid of Cheops, 쾰른 대성당Cologne Cathedral, 상하이 타워Shanghai Tower, 그리고 스탈린 세븐시스터즈Seven Sisters 등 무수히 많은 빌딩을 정복해 작품사진을 찍었다.

초고층 빌딩을 오르며 찍은 사진은 여러 사람과 공유해 색다른 아름다움을 전파한다. 평범하기만 한 도시를 전혀 다른 각도에서 바라볼 수 있도록 해준다. 사진뿐 아니라 영상도 찍어 공개한다. 영상들은 매우 빠르게 확산되어 수백만 뷰를 기록하곤 한다.

바딤 막호로프는 러시아 노보시비르스크Novosibirsk에서 태어나고 자랐다. 그는 빌딩 위에서 바라본 도시의 전경을 사진과 영상으로 촬영해 전시회를 연다. 여러 유수의 사진 콘테스트에서 입상 혹은 수상한 경력이 있다. 동료 비탈리와 함께 앞서 언급한 상하이타워와 롯데월드타워, 키오프스 피라미드, 쾰른 대성당과 뉴욕, 모스크바, 두바이에 있는 마천루 등을 등반했다.

"신출귀몰하게 침입해 영상과 사진을 찍은 뒤
SNS에 공개하는 게
도시의 닌자가 갖는 즐거움입니다."

두 사진작가는 롯데월드타워 123층 꼭대기를 몰래 올라간 후 이곳에서 찍은 아찔한 사진을 유튜브에 공개해 모두를 깜짝 놀라게 했다. 비탈리 사진과 함께 "Get ready for the new video(새로운 동영상을 기대하라)"며 "Seoul, Lotte World Tower 610 meters tall(610m 높이 서울 롯데월드타워)"라는 설명을 덧붙여 곧 롯데월드타워에 올라간 영상을 공개할 것임을 예고한 뒤 2주 만에 실제 영상을 공개했다.

마이클 리, 뮤지컬로 미국을 사로잡다

마이클 리는 한국계 미국인 뮤지컬 배우다. 대학교 4학년 때 의대 진학 준비 중에 뮤지컬이라는 자신의 끼와 두드림을 발견했다. 이후 〈미스 사이공〉 오디션에 도전했고 여기에 붙어 조기졸업 후 배우로 데뷔했다.

"사람에게는 운명이 있는 것 같아요.
뮤지컬을 하면서
행복한 나를 발견하게 됐어요."

마이클은 부모님이나 주변의 권유가 아니라 자신이 정말 잘할 수 있고 행복할 수 있는 일을 찾는 게 두드림의 첫 번째 할 일이라고 말한다. 그는 꿈을 찾은 결과 한국과 미국을 오가며 활동하는 널리 인정받는 뮤지컬 배우로 성공할 수 있었다.

"재능을 찾는 게 중요한 것 같아요.

　연기와 노래에 재능을 찾은 뒤

　더욱 열정이 넘치는 삶을 살게 됐어요."

처음에 그의 아버지는 아들 마이클이 자신의 뒤를 이어 의사가 될 거라 믿었다. 그래서 더 나은 환경을 꿈꾸며 이민을 결정했고 마이클도 부모의 뜻에 따라 명문 스탠퍼드 대학교 프리 메드(pre-med, 의대 진학 준비) 과정으로 심리학과에 입학했다. 그는 공부 · 운동 · 음악 등 모든 면에서 우수 학생으로 부모에게 큰 기쁨을 줬다. 하지만 그가 돌연 뮤지컬 배우가 되겠다고 선언하자, 아버지는 "연을 끊겠다"며 반대했다.

"부모님을 일부러 설득하지 않았습니다.

　그냥 재능을 보여줄 기회를 찾았어요."

이후 아들의 폭발적인 가창력과 연기력을 무대에서 지켜본 아버지는 "너의 길을 가라"고 허락했다. 그리고 2013년 아내, 아들 둘과 함께 한국에 정착한 그는 이제 한국어를 배우는 도전에 빠져 있다.

Do Dream

영웅들의 두드림 따라 하기

- ✓ 자신이 원하는 인생의 갈망을 찾아내라.
- ✓ 환경 변화에 민첩하게 자신을 변신시켜라.
- ✓ 나의 두드림을 날마다 생각하고 실천하라.
- ✓ 항상 노력하고 최선을 향해 도전하라.
- ✓ 자나 깨나 한결같이 성공분야를 공부하라.
- ✓ 오래 버티고 살아남는 방법을 찾아라.
- ✓ 가치 있는 일을 찾아 끝장을 봐라.
- ✓ 될 때까지 끝까지 기회를 찾아라.
- ✓ 조급해 하지 말고 끝까지 버텨라.
- ✓ 생각했던 것 이상으로 혼신의 힘을 다하라.
- ✓ '이만하면 됐다'라는 생각에 멈추지 말라.
- ✓ '열심히'를 앞세워 후회 없는 삶을 만들라.
- ✓ 경쟁자는 항상 자기 자신, 즉 '나'라는 사실을 잊지 말라.
- ✓ 한계상황에 직면해도 죽을 힘을 다해 버텨라.
- ✓ 감동을 주는 결과를 만들어내라.
- ✓ 결과보다 과정 속에서 최고의 기쁨을 만끽하라.
- ✓ "잘 될 것이다"고 믿고 고난을 이겨내라.
- ✓ 불가능한 일을 기쁜 마음으로 즐겨라.

두드림 *Do Dream*

챔피언의 비밀노트

Be a New Champion!

"

갈망의 두드림
꼭 이뤄야 할 간절한 꿈을 꿔라!

생각의 두드림
꿈을 현실로 만들기 위해 끊임없이 상상의 나래를 펼쳐라!

실행의 두드림
원하는 꿈을 이루기 위해 문을 두드리고 또 두드려라!

"

챔피언의
비밀
노트

두드림 *Do.Dream*

두드림

· · · · · · · · · · · · · ·

Part 6

두드림 실천법

당장 세 가지
두드림을 시작하라

이제 내가 원하는 두드림이 있다면, 이것을 내 것으로 만들어야 한다. 챔피언의 성공 비밀을 단순히 알고만 있어서는 안 된다. 적극적으로 내가 '성공의 주인공'이 되어야 한다. 또한 나만 성공의 비밀을 알고 있어서는 안 된다. 두드림이 알려주는 '갈망 → 생각 → 실행'의 세 가지 '두드림의 성공법칙'을 주변에 알리자. 친구에게 알리고 형제자매에게 알리고 동료에게 알려 누구나 성공하는 국민 성공시대를 만들어야 한다. 그렇다면 성공하기 위해 어떤 일부터 시작하면 좋을까?

<u>성공을 꿈꾼다면 당장 세 가지 두드림을 시작하라.</u>

그 두드림은 원하는 것을 갖도록 해줄 것이다. 꿈꾸는 것을 성취하도록 해줄 것이다. 어떤 것이든지 두드림을 시작하라. '갈망 → 생각 →

실행'의 세 가지 두드림을 시작하면 이것은 우리를 두드림의 최종 목적지인 성공의 길로 안내해줄 것이다.

두드림의 원천은 갈망에서 시작된다.

막연하지만, 인생에서 가슴을 뛰게 하는 일은 없었는가? 꼭 해보고 싶은 일은 없었는가? 적성과 소질에 맞지 않지만, 그래도 왠지 당기는 일은 없었는가? 텔레비전과 영화를 보면서 따라하고 싶은 일은 없었는가? 막연히 박사가 되고 싶고 1등을 하고 싶은 일은 없는가? 길거리의 높은 빌딩을 보고 저것이 내 것이었으면 하고 생각해본 적은 없는가? 100억짜리 복권에 당첨됐으면 좋겠다고 생각해본 적은 없는가? 경품 추첨 때 자동차나 해외여행 상품에 당첨되길 기도한 적은 없는가? 암에 걸린 사람의 기적 같은 치료를 빌어본 적은 있는가? 크루즈를 타고 세계여행을 꿈꿔본 적은 있는가? 1등을 꿈꾸고 합격을 기원하고, 승진을 기다리고 있지는 않은가? 당장 직장을 때려치우고 싶지는 않은가? 당장 창업해 떼부자가 되고 싶은 적은 없었나?

갈망을 내 것으로 만들려면 대상을 압축해야 한다.

사람들은 누구나 갖지 못한 것, 이루지 못한 것을 갖고 싶어 한다. 그런데 모두가 원하는 것을 갖게 되는 것은 아니다. 갈망이 큰 사람이 더 많은 것을 얻게 된다. 갈망이 없으면 얻는 것이 아무 것도 없다.

너무 많은 것들을 갈망해서도 안 된다. 꼭 성취하고 싶은 몇 가지를 선택해서 집중적으로 갈망해야 한다. 그래야 그 갈망을 내 것으로 만들 수 있다. 갈망하는 대상을 정했다면 그것에 다가가는 방법을 고민해야 한다. 갈망을 내 것으로 만들 수 있는 수많은 방법을 생각해내야 한다.

갈망의 대상이 압축되면 생각의 두드림을 작동시켜야 한다.

생각은 좀 더 구체적이고 성취 가능한 것이어야 한다. 너무 황당한 생각의 늪에 빠져서는 안 된다. 지나치게 무모하고, 큰 상상력을 갖는 것은 좋다. 하지만 갈망에 다가가는 한 걸음, 한 걸음이 원대한 꿈에 점차 다가가는 것들이어야 한다.

생각이 정리되면 행동에 옮겨야 한다.

실행의 두드림이 가장 중요하다. '천리 길도 한 걸음부터'라는 말처럼 높은 곳에 올라가려면 낮은 곳부터 시작해야 한다. 내가 이뤄낼 수 있는 것부터 차근차근 성취해가야 한다. 100층 빌딩에 오르는 것도 맨 바닥, 즉 1층부터 시작된다. 그래야 그 꿈이 '내 것'이 된다. 어떤 것도 한꺼번에 성취할 수 없다. 한 걸음, 한 걸음 소처럼 뚜벅뚜벅 걸어갈 때 어느 순간 목적지에 다가가게 된다.

이 과정에서 최선을 다한 사람에게는 운과 복이 따른다. '운칠복삼運七福三'은 아무에게나 오지 않는다. 무엇인가를 두드리는 사람에게 온다. 두드리면 저절로 뭔가가 이뤄지는 신기한 일들이 생기게 된다. 누구나 그런 경험을 했을 것이다.

두드림 실천법 ①

> • **세 가지 두드림을 시작하라.**
> ▸ '갈망의 두드림'을 시작하라.
> ▸ '생각의 두드림'을 작동시켜라.
> ▸ '실행의 두드림'에 올인하라.

갈망의 두드림	생각의 두드림	실행의 두드림
	노래 실력 키우기	하루 10시간 연습하기
가수 되기	오디션에서 1등 하기	오디션에 도전하기
	가수 된 뒤 모습 상상하기 ⋮	롤 모델 상담받기 ⋮

> • **두드림의 경험을 널리 전파하라.**
> ▸ 나의 경험담을 널리 알려라.
> ▸ 나의 경험담을 명언으로 정리하라.
> ▸ 작은 경험을 '큰 두드림'으로 발전시켜라.

날마다
두드림하라

성공한 사람은 누구든지 두드림Do Dream을 실천한 사람들이다.

두드림은 말 그대로 '꿈꾸고Dream 도전하라Do'는 뜻이다. 또 다른 의미로 '꿈꾸고Dream 두드려라Do'는 의미다. 두드림은 꿈을 두드리고 또 두드리라는 강한 메시지를 담고 있다.

<u>꿈만 꾸고 두드리지 않는 사람은 그 꿈을 성취할 수 없다.</u>

따라서 꿈을 꾸는 사람은 반드시 도전이라는 실행이 뒷받침돼야 한다. 닫힌 문을 열려면 두드려야 한다. 북 소리를 내려면 북을 두드려야 하듯이 꿈을 이루려면 꿈도 두드려야 한다. 어떤 꿈이든지 쉽게 열리는 꿈은 꿈이 아니다. 한 번 두드려서 쉽게 열리는 꿈은 아무나 꿀 수 있는 꿈이다. '큰 꿈'을 꾸고 그걸 두드려야 한다. 나를 좌절시키더라도 두드

리고 또 두드려서 열리게 하는 도전 정신이 바로 두드림의 정신이다.

큰 두드림에 나선 사람들은 꿈을 대하는 자세에서 한 가지 특별한 점이 있었다. 그 특별함은 '나는 할 수 있다'는 '캔두 정신'이다. 원대한 꿈을 이루고자 하는 사람은 꿈을 꾸고 그 꿈을 이룰 수 있는 자신감, 캔두 정신이 강렬했다. 도전 정신이 남달랐던 것이다. 이것을 바탕으로 불가능을 가능으로 바꿨고 상상을 현실로 만들었다.

성공하려면 날마다 두드림해야 한다.

꿈을 가슴속에 담고 그 꿈을 잊지 않도록 날마다 두드림을 실천해야 한다. 바로 꿈을 펼치는 것은 '꿈꾸고 도전하는 것Dream it, Do it', 다시 말해 두드림을 하는 것이다. 두드림을 멈추면 꿈은 멀리 달아나 버린다.

두드림 실천법 ②

Do Dream

- **날마다 두드림하라.**
  - ‣ 꿈꾸고 도전하라.
  - ‣ 꿈꾸고 그 꿈을 두드려라.
  - ‣ 두드림을 하루도 잊지 마라.
- **캔두 정신을 가져라.**
  - ‣ '나는 성공할 수 있다'라고 외쳐라.
  - ‣ '나는 할 수 있다'라고 최면을 걸라.
  - ‣ 도전하면 이뤄진다고 확신하라.

위시리스트를
만들어라

새해, 생일, 기념일, 실패, 특별한 일 등을 계기로 하고 싶은 일, 도전하고 싶은 일을 중심으로 '위시리스트Wish List'를 만들어보자.

살을 빼자.

담배를 끊자.

부모님과 효도여행을 떠나보자.

인기가요 10곡을 배워보자.

버킷 리스트를 만들자.

작은 소망에서 큰 소망에 이르기까지 위시리스트는 사람에게 '어떤 일'을 하고 싶게 만드는 에너지를 준다. 위시리스트를 만들어보면, 세상에는 정말 할 일이 많고, 갖고 싶은 게 많고, 해보고 싶은 일들도 많다는 것을 알게 될 것이다.

위시리스트 가운데 '버킷리스트Bucket List'가 있다.

이 리스트는 살아 있을 때 꼭 해보고 싶은 일을 적은 목록을 가리킨다. '죽다'라는 뜻으로 쓰이는 속어인 '킥 더 버킷Kick the Bucket'에서 만들어진 말이다. 올가미를 목에 두른 뒤 뒤집어 놓은 양동이Bucket에 올라간 다음 양동이를 걷어차 처형했다는 데서 유래했다.

사람이 죽기 전에 꼭 해보고 싶은 일은 하고 죽어야 한다. 아니면 최소한 도전이라도 해봐야 한다. 나이가 어린 사람은 정말 많은 일에 도전할 수 있다. 나이가 들수록 사람들은 자신감을 잃게 되고 그냥 포기하는 일이 많아지게 된다.

그것은 삶을 재미없게 만든다. 희망이 있고 설레는 삶을 만들려면 기다려지는 것, 가슴 뛰는 것, 해보고 싶은 것을 찾아내야 한다. 그것이 삶의 보람과 의미를 찾아다 준다. 버킷리스트를 만들어서 죽기 전에 아쉬움이 없도록 인생을 풍요롭게 만들어야 한다. 좀 더 젊었을 때, 한 살이라도 더 젊을 때 도전해야 아쉬움이 줄어든다.

사람은 하고 싶은 수많은 일 가운데 꼭 하고 싶은 일 몇 가지를 정리할 필요가 있다. 아름다운 여인과 데이트하기, 백마 탄 남자와 사귀기, 혼자 여행하기 등 생각만 해도 설레는 일이 있다.

버킷리스트를 만들어보면 많은 사람이 후회를 하게 된다. 할 수 있는 일을 못했다는 후회가 대부분이다. "엄마, 아빠 사랑해요" "누나, 오빠 고마워" 등 평소 하고 싶은 말을 못해 후회하는 경우도 많다.

버킷리스트는 우리에게 무엇을 가르쳐줄까. 우리가 인생에서 가장 많이 후회하는 것은 한 일들이 아니라, 하지 않은 일들이라는 아주 단순한 진리를 알려준다. 부모님이 돌아가신 뒤에 "살아계실 때 자주 찾아뵐 걸, 따뜻한 말이라도 할 걸"하고 후회하는 일이 없어야 한다. "건강할 때 좀 할 걸", 아프고 나서 "건강관리 좀 할 걸" 라며 후회해서도 안 된다. 후회 없는 삶을 위해 오늘 바로 버킷리스트를 작성해 보는 것을 어떨까?

- **위시리스트를 만들어라.**
  - ▸ 오늘 하고 싶은 일을 적어라.
  - ▸ 이번 주 하고 싶은 일을 적어라.
  - ▸ 이번 달 하고 싶은 일을 적어라.
  - ▸ 6개월 안에 하고 싶은 일을 적어라.
  - ▸ 1년 안에 하고 싶은 일을 적어라

- **버킷 리스트를 만들어라.**
  - ▸ 죽기 전에 하고 싶은 일을 적어라.

투두 리스트를
만들어라

두드림의 대상이 정해지면 실행 리스트, 즉 '투두 리스트To-Do List'를 만들어야 한다.

투두 리스트를 만드는 일은 목표에 다가가기 위해 내가 할 수 있는 일의 우선순위를 정하는 일이다. 나중에 '내가 만일 ○○를 했더라면 지금 ○○하게 됐을 텐데'라고 말하는 일이 있어서는 안 된다.

'○○를 했다면'이라고 나중에 후회할만한 일에 '지금 당장 하자'는 내용을 담아 투두 리스트를 만들어야 한다.

지금 당장 영화를 보자.

이번 달에는 가족과 놀이동산에 가자.

올해에는 한 번이라도 해외여행을 가보자.

올해는 영어공부를 해보자.

부모님과 여행을 가보자.

기타를 배워보자.

다이어트를 해보자.

당장 담배를 끊자.

책을 꼭 읽자.

생각해보면 리스트에 들어갈 항목은 무한대로 만들어질 수 있다. 투두 리스트를 만들 때 중요한 것은 내가 처한 환경에서 성공을 위해 실행해야 할 가장 작은 일부터 정하는 것이다. 너무 큰 일부터 시작하면 쉽게 지치게 된다. 아주 사소해 보이지만, 실행할 경우 커다란 성과를 안겨줄 수 있는 작은 아이템부터 찾아 차근차근 큰 꿈에 다가가야 한다.

예를 들어, 주변에 다가가고 싶은 사람이 있으면, 인사부터 잘해야 한다. A⁺학점을 받으려면 어떻게 해야 할까? 방금 싸운 친구와 화해하려면 어떻게 해야 할까? 가장 쉽게 할 수 있는 간단한 실행 목록부터 만들어 실천해야 한다.

진급하려면 어떻게 해야 할까? 마음에든 남자 또는 여자에게 다가가려면 어떻게 해야 할까? 해외 연수 기회를 잡으려면 어떻게 해야 할까? 투두 리스트부터 만들어라.

두드림 실천법 ④

- **투두 리스트를 만들어라.**
  - ▸ 오늘 해야 할 일을 적어라.
  - ▸ 이번 주 해야 할 일을 적어라.
  - ▸ 이번 달 해야 할 일을 적어라.
  - ▸ 3~6개월 안에 해야 할 일을 적어라.
  - ▸ 1년 안에 해야 할 일을 적어라.
  - ▸ 3년 안에 해야 할 일을 적어라.
  - ▸ 100세까지 나의 미래를 적어라.

- **실행하지 못한 계획의 목록을 만들어라.**
  - ▸ 왜 못했는지 이유를 적어라.
  - ▸ 언제 다시 할 계획인지 시점을 적어라.

금지 목록을
만들어라

투두 리스트를 만들 때는 반드시 하지 말아야 할 일 목록, 즉 '금지 목록Not-To-Do List'을 함께 만들어야 한다.

이 목록을 만들 때는 주변 친구와 동료, 부모님, 멘토 등의 의견을 청취해야 한다. 내가 하지 말아야 할 '그것'이 무엇인지 주변에 물어봐라. 친구에게, 부모님에게, 선·후배와 동료, 상사, 협력회사 직원에게 내가 해서는 안 될 행동을 묻고 적어봐라. 금지 목록은 내가 갖고 있는 좋지 않은 습관, 언행, 태도, 버릇 등이 대부분이다. 권위적인 태도, 거만함, 오만함, 무시, 갑질 등 나의 평판을 깎아먹는 것들이다. 동시에 개인의 경쟁력을 잃게 할 정도로 불필요한 일들이다.

세계적인 경영의 구루, 톰 피터스Tom Peters는 "우리의 일상적인 활동의 50~60%는 불필요한 일들로 가득 차 있다"고 말한다. 이것은 무슨 뜻일까? 우리의 소중한 시간 중 50~60%가 의미 없이 지나간다는 말이다. 물론 절대적인 수치는 아니다. 우리가 하는 일 가운데 불필요하다고 여겨지는 일도 뒤돌아보면 필요한 일인 경우가 많기 때문이다. 우리가 하는 일 가운데 불필요하다고 생각되는 것도 사실은 꼭 필요한 일일 때가 많다.

우리는 하기 싫은 일도 해야 하고 참석하기 싫은 모임에도 가야할 때가 있다. 다시 말해 '정무적 판단'을 통해 인간관계를 위해 자기희생을 해야 할 때가 많다. 지금 당장 나에게 아무 도움이 되지 않지만, 장차 도움이 될 수 있는 사람의 모친상에 가야 할지 말아야 할지를 판단하는 것도 정무적인 결정이다.

금지 목록을 만드는 것은 이런 정무적 판단을 말하는 게 아니라 정말 할 필요가 없는 일을 적은 목록을 말한다. 따라서 '할 일 목록'의 우선순위는 금지 목록을 토대로 해야 한다. 금지 목록을 만드는 이유는 '할 일'의 성과를 극대화하기 위한 것이다. 삶의 여유를 찾고 불필요한 일의 덫에 빠지지 않기 위해서다.

살을 빼야 하는가? 먹지 말아야 할 금지 목록을 만들어라. 너무 바쁘고 시간이 없는가? 자신의 하루 일정 가운데 하지 않아도 되는 금지 목록만 있으면 금세 여유가 생기게 된다. 나의 고쳐야 할 태도와 버릇, 언행 등 금지 목록을 만들어 실천하면 금세 평판이 좋아질 수 있다.

두드림 실천법 ⑤

- **금지 목록을 만들어라.**
  - ▸ 개선해야 할 나의 '그 무엇'을 적어라.
  - ▸ 하루 중 '안 해도 될 일'을 적어라.
  - ▸ 식습관 중 '고쳐야 할 것'을 적어라.
  - ▸ 생활 습관 중 '개선할 사항'을 적어라.
  - ▸ 말과 행동 중 '바꿔야 할 것'을 적어라.
  - ▸ 평생 해서는 '안 될 일'을 적어라.
  - ▸ 나의 평판을 해치는 '그 무엇'을 적어라.
- **실행하지 못한 금지 목록을 만들어라.**
  - ▸ 왜 지키지 못했는지 이유를 적어라.
  - ▸ 언제부터 지킬 계획인지를 적어라.

감사 목록을
만들어라

'감사합니다'라는 말은 나 자신은 물론 다른 사람의 마음을 기쁘게 하는 소중한 말이다. 나를 도와준 사람의 고마움을 알아주는 것은 서로의 관계를 깊게 만들어준다.

교통사고가 났지만 내가 작은 부상을 당했다고 가정해보자. 나는 어떻게 나 자신에게 말할 것인가. "이 정도 부상에 그치게 해줘서 감사합니다"라고 말한다면, 나는 스스로를 위안하고 감사하게 된다. 성경에서도 "항상 기뻐하라. 쉬지 말고 기도하라. 범사에 감사하라"며 감사함의 중요성을 갈파하고 있다.

> "친구야, 영숙아, 철수야~ 고마워."
> "아들, 고마워."
> "여보, 고마워."
> "선생님, 교수님, 고맙습니다."
> "부모님, 감사합니다."

성공하려면 '감사합니다'를 생활화해야 한다.

하루에도 수십 번씩 "감사합니다. 정말 감사합니다"라고 말하자. 나를 도와줬던 주변의 모든 사람에게 고마움을 전하자. 친구, 동료, 상사, 부하직원 등 누구에게든지 고마워하자. 고마움에는 크고 작음이 없다. 중요한 고마움, 중요하지 않은 고마움은 없다.

부모님에게 감사한 일 100개를 써봐라.

부모님을 바라보는 나의 생각이 바뀌게 된다. 마주하기 싫은 친구가 있다면, 그 친구에게 감사한 일 50개를 써보자. 그 친구가 이상하게 고마운 사람으로 바뀌게 된다.

살고 싶지 않게 만드는 일이 있으면, 내가 지금 살아있어 감사한 일

100개를 적어보자. 지금 내가 가진 생각이 모두 잘못됐음을 스스로 깨닫게 될 것이다.

현재를 탓하지 마라. 감사한 일들을 적어보면 현재가 기쁨으로 바뀌게 된다. 꿈을 꿀 수 있음에 감사하라. 살아있음에 감사하라. 두드림에 감사하라. 이 책《두드림, 챔피언의 비밀노트》를 만난 것에 감사하라. 이 감사함은 당신의 삶에 큰 기쁨을 줄 것이다.

"평생 두드림(Do Dream)하라."
"날마다 꿈꾸고(Dream) 도전하라(Do)."
"원하는 것을 두드리면(Do Dream) 성공의 문이 열릴 것이다."

- **감사 목록을 만들어라.**
  - ▸ 부모님에게 감사할 일을 적어라.
  - ▸ 가족에게 감사할 일을 적어라.
  - ▸ 동료, 후배, 친구에게 감사할 일을 적어라.
  - ▸ 선배, 스승에게 감사할 일을 적어라.
  - ▸ 회사와 상사에게 감사할 일을 적어라.
  - ▸ 배우자, 애인에게 감사할 일을 적어라.
  - ▸ 나 자신에게 감사할 일을 적어라.

- **이 책 《두드림, 챔피언의 비밀노트》에 대해 감사한 마음을 적어라.**

- **감사 목록은 항목당 최소 50개를 적어라.**

- **날마다 감사드릴 일을 만들어라.**

- **감사 내용을 공개하라.**

두드림
챔피언의 비밀노트

초판 1쇄 2018년 3월 5일

지은이 MBN Y 포럼 사무국, 최은수(대표 저자)
펴낸이 전호림
책임편집 오수영
마케팅 박종욱 김혜원
영업 황기철

펴낸곳 매경출판㈜
등 록 2003년 4월 24일(No. 2-3759)
주 소 (04557) 서울시 중구 충무로 2 (필동1가) 매일경제 별관 2층 매경출판㈜
홈페이지 www.mkbook.co.kr
전 화 02)2000-2642(기획편집) 02)2000-2646(마케팅) 02)2000-2606(구입 문의)
팩 스 02)2000-2609 **이메일** publish@mk.co.kr
인쇄 · 제본 ㈜M-print 031)8071-0961
ISBN 979-11-5542- 817-7(03320)

'디 오렌지(The Orange)'란?

'MBN Y 포럼' 서포터스로 성공을 꿈꾸는 '희망 원정대'를 의미한다. 창의와 열정을 상징하는 오렌지는 MBN의 대표 색깔로 '황금'과 '부자', 즉 경제적 성공을 뜻한다. MBN Y 포럼 사무국과 포럼을 함께 기획하며 기자, 작가, PD, 앵커, 아나운서, 포럼팀 등 다양한 분과에서 MBN 임직원들의 멘토를 받으며 대한민국 미래 리더가 될 꿈을 키운다.

'디 오렌지' 자료 조사팀

강현수, 고민영, 김단비, 김대연, 김동현, 김수정, 김영은, 김예은, 김희윤, 노정현, 문여진, 민강수, 박수연, 박승주, 박현정, 방나영, 백경원, 백현정, 변지영, 서동호, 서원정, 안소윤, 여현재, 유시원, 유혜정, 윤하늘, 이경민, 이도은, 이실아, 이유림, 이종환, 이주은, 이지민, 이지윤, 장지현, 전세영, 전은하, 정대연, 정성혁, 정소영, 정아현, 정은영, 조규희, 조민정, 최연준, 홍보배

'MBN Y 포럼'이란?

1등 종합편성채널 MBN이 대한민국의 미래를 책임질 20~30대에게 꿈과 비전, 도전 정신을 제시하기 위해 기획한 글로벌 청년 포럼으로 '두드림(Do Dream) 포럼'이 별칭이다. Y는 대한민국의 미래를 이끌 젊은 세대(Young Generation), 즉 Y세대를 상징한다.

'MBN Y 포럼 2018'을 만든 사람들

MBN 보도국 산업부 · 미디어기획부

최은수 부국장, 강호형·류철호·이상범·강영구 차장, 이혁준·김태일·이상은·정수정·선한빛·민지숙 기자, 정경운·이은정·조슬기 연구원

MBN Y 포럼 사무국

신명호 차장, 김윤혜·황선화 과장, 서미영·김민규·강보현 대리, 정원교 주임, 명연진·이상엽·윤성준 연구원